论语
中国人的圣书

宋淑萍 —— 编撰

九州出版社

JIUZHOUPRESS

图书在版编目（CIP）数据

中国人的圣书：论语 / 宋淑萍著. -- 北京：九州出版社，2017.7

ISBN 978-7-5108-5636-5

Ⅰ．①中… Ⅱ．①宋… Ⅲ．①儒家 Ⅳ．①B222.21

中国版本图书馆CIP数据核字(2017)第173868号

中国人的圣书：论语

作　　者	宋淑萍
责任编辑	李黎明
出版发行	九州出版社
地　　址	北京市西城区阜外大街甲 35 号（100037）
发行电话	(010)68992190/3/5/6
网　　址	www.jiuzhoupress.com
电子信箱	jiuzhou@jiuzhoupress.com
印　　刷	北京盛通印刷股份有限公司
开　　本	787 毫米 ×1092 毫米　32 开
印　　张	8.5
字　　数	170 千字
版　　次	2017 年 11 月第 1 版
印　　次	2017 年 11 月第 1 次印刷
书　　号	ISBN 978-7-5108-5636-5
定　　价	48.00 元

用经典滋养灵魂

龚鹏程

每个民族都有它自己的经典。经，指其所载之内容足以做为后世的纲维；典，谓其可为典范。因此它常被视为一切知识、价值观、世界观的依据或来源。早期只典守在神巫和大僚手上，后来则成为该民族累世传习、讽诵不辍的基本典籍。或称核心典籍，甚至是"圣书"。

佛经、圣经、古兰经等都是如此，中国也不例外。文化总体上的经典是六经：《诗》、《书》、《礼》、《乐》、《易》、《春秋》。依此而发展出来的各个学门或学派，另有其专业上的经典，如墨家有其《墨经》。老子后学也将其书视为经，战国时便开始有人替它作传、作解。兵家则有其《武经七书》。算家亦有《周髀算经》等所谓《算经十书》。流衍所及，竟至喝酒有《酒经》，饮茶有《茶经》，下棋有《弈经》，相鹤相马相牛亦皆有经。此类支流稗末，固然不能与六经相比肩，但它各自代表了在它那一个领域中的核心知识地位，却是很显然的。

我国历代教育和社会文化，就是以六经为基础来发展的。直到清末废科举、立学堂以后才产生剧变。但当时新设的学堂虽仿洋制，却仍保留了读经课程，以示根本未隳。辛亥革命后，蔡元培担任教育总长才开始废除读经。接着，他主持北京大学时出现的"新文化运动"更进一步发起对传统文化的攻击。趋势竟由废弃文言，提倡白话文学，一直走到深入的反传统中去。论调越来越激烈，行动越来越鲁莽。

台湾的教育、政治发展和社会文化意识，其实也一直以延续五四精神自居，以自由、民主、科学为号召。故其反传统气氛，及其体现于教育结构中者，与当时大陆不过程度略异而已，仅是社会中还遗存着若干传统社会的礼俗及观念罢了。后来，台湾朝野才惕然憬醒，开始提倡"文化复兴运动"，在学校课程中增加了经典的内容。但不叫读经，乃是摘选《四书》为《中国文化基本教材》，以为补充。另成立文化复兴委员会，开始做经典的白话注释，向社会推广。

文化复兴运动之功过，诚乎难言，此处也不必细说，总之是虽调整了西化的方向及反传统的势能，但对社会普遍民众的文化意识，还没能起到警醒的作用；了解传统、阅读经典，也还没成为风气或行动。

二十世纪七十年代后期，高信疆、柯元馨夫妇接掌了当时台湾第一大报中国时报的副刊与出版社编务，针对这个现象，遂策划了《中国历代经典宝库》这一大套书。精选影响国人最为深远的典籍，包括了六经及诸子、文艺各领域的经典，遍邀名家为之疏解，并附录原文以供参照，一时朝野震动，风气丕变。

其所以震动社会，原因一是典籍选得精切。不蔓不枝，能体现传统文化的基本匡廓。二是体例确实。经典篇幅广狭不一、深浅悬隔，如《资治通鉴》那么庞大，《尚书》那么深奥，它们跟小说戏曲是截然不同的。如何在一套书里，用类似的体例来处理，很可以看出编辑人的功力。三是作者群涵盖了几乎全台湾的学术菁英，群策群力，全面动员。这也是过去所没有的。四，编审严格。大部丛书，作者庞杂，集稿统稿就十分重要，否则便会出现良莠不齐之现象。这套书虽广征名家撰作，但在审定正讹、统一文字风格方面，确乎花了极大气力。再加上撰稿人都把这套书当成是写给自己子弟看的传家宝，写得特别矜慎，成绩当然非其他的书所能比。五，当时高信疆夫妇利用报社传播之便，将出版与报纸媒体做了最好、最彻底的结合，使得这套书成了家喻户晓、众所翘盼的文化甘霖，人人都想一沾法雨。六，当时出版采用豪华的小牛皮烫金装帧，精美大方，辅以雕花木柜。虽所费不赀，却是经济刚刚腾飞时一个中产家庭最好的文化陈设，书香家庭的想象，由此开始落实。许多家庭乃因买进这套书，而仿佛种下了诗礼传家的根。

高先生综理编务，辅佐实际的是周安托兄。两君都是诗人，且侠情肝胆照人。中华文化复起、国魂再振、民气方舒，则是他们的理想，因此编这套书，似乎就是一场织梦之旅，号称传承经典，实则意拟宏开未来。

我很幸运，也曾参与到这一场歌唱青春的行列中，去贡献微末。先是与林明峪共同参与黄庆萱老师改写《西游记》的工作，继而再协助安托统稿，推敲是非、斟酌文辞。对整套书说不上有什么助益，自己倒是收获良多。

书成之后，好评如潮，数十年来一再改版翻印，直到现在。经典常读常新，当时对经典的现代解读目前也仍未过时，依旧在散光发热，滋养民族新一代的灵魂。只不过光阴毕竟可畏，安托与信疆俱已逝去，来不及看到他们播下的种子继续发芽生长了。

当年参与这套书的人很多，我仅是其中一员小将。聊述战场，回思天宝，所见不过如此，其实说不清楚它的实况。但这个小侧写，或许有助于今日阅读这套书的大陆青年理解该书的价值与出版经纬，是为序。

中国人的圣书

宋淑萍

岁月不居、三十之年，忽焉已过！《中国人的圣书——论语》初版时，作者三十多梦、踏入杏坛未久；如今再把书校读一遍，作者虽退而未休（仍在台大开课），却已是六十好几、白发渐多之人！时间，往前看，一个礼拜，七天！往回望，三十年，忽忽——像火车飞驰，景物一一被丢在了往后。

三十年，童稚成中年，壮健或已逝。人生沧桑、世事多变；但有些价值永远存在。经济不景气、金融起风暴，在严峻的环境下，重拾古籍，从中寻找生存与教育方法的日本人日渐增多。《论语》，让日本人找到了避风港。金融风暴让人们的价值观受到严重冲击，失去方向的日本人该如何重新定位、如何东山再起，每个人都很茫然，《论语》提供了令人安心的指导方向。日本市面上出现许多有关《论语》的书籍，包括《孩童们的论语》、《让高中生感动的论语》、《让孩童们朗读的论语百章》、《漫画的论语入门》等，各种《论语》书成了畅销书，在不景气时百业萧条，《论语》相关书却卖得特别好，《论语》不只是"中国人的圣书"，也是救世的圣经。

时报文化出版公司于一九八一年三月十日出版《中国历代经典宝库》青少年版四十五种，嘉惠学子及社会大众，于文化传承贡献极大。大陆曾有出版人来电：平生所读第一部古书，即《经典宝库》之山寨版《论语》，可见其影响面之宽广。

一位自小贫贱、年幼失怙的人，如何成为万世师表、千古圣人？《孔子——仰之弥高、钻之弥坚》，从《论语》中多所取材，仔细阐述了。三十年后，再读原文，感觉还有些看法想借此表达。

孔子的人格特质是很特别的，这种特质成就了一代圣师。先看《论语·子罕》：

子曰："麻冕，礼也；今也纯，俭：吾从众。拜下，礼也；今拜乎上，泰也：虽违众，吾从下。"

麻冕虽是合于礼的，但"细密难成，不如用丝之省约"。（集注）孔子从经济层面考虑，很理性地从众。但"臣与君行礼，当拜于堂下，君辞之，乃升成拜。"拜乎上，骄慢，孔子坚持依礼拜于堂下。程子曰："君子处世，事之无害于义者，从俗可也。害于义，则不可从也。"（集注）孔子对事从不从俗，都有所坚持、都秉持义理，这是一种理性考虑。

颜回是孔子最中意的学生，颜回死，子曰："天丧予！"子哭之恸。颜回父颜路请求孔子卖了车为颜回买椁，孔子没有答应，门人厚葬颜回，孔子不以为然。从颜回之死，孔子的极度反应可见孔子感性却也理性的态度。

子路是只比孔子小九岁的门徒；性本强悍、好勇，"冠雄鸡，佩豭豚。"（《史记·仲尼弟子列传》）奇装异服，陵暴孔子，经孔子诱导，"儒服委质"穿上正经的衣服，送上见面礼，请求入门为弟子，从此，成为孔子最有力的护卫。在卫国为"卫大夫孔悝之邑宰"，卫国政变，因为"食其食者，不避其难"，而奔赴国难；虽被攻击，击断了帽带，却认为："君子死而冠不免。"因为要"结缨"——系好帽带，而被杀。孔子听到卫国发生变乱，"嗟乎！由，死矣！"孔子是深深了解子路的个性的。孔子在中庭哭子路，从卫国来吊唁的人说：子路被"醢"（斩成肉酱），孔子叫人"覆醢"。

子路虽由于个性关系，常和孔子唱反调，子路曰："卫君待子而为政，子将奚先？"子曰："必也正名乎！"子路曰："子之迂也，奚其正？"子曰："野哉！由也……"（《子路》）子路是够"野"的，但孔子也赞许子由"衣敝缊袍与衣狐貉者立，而不耻者，其由也与！"（《子罕》）贫穷并不可耻，但以贫穷自惭、自卑，子路没有这个毛病！子疾病（疾甚为病）。子路使门人为臣（子路分派门人治丧。——古代"人，病甚"，就开始治理后事了），病间（病缓解了），孔子说："久矣哉！由之行诈也！"子路爱老师的心意，孔子自是心领的，但"无臣而为有臣"是"欺天"，孔子深不以为然。

从"侍坐"章，子路"率尔"而对，子路率性冲前的个性跃然纸上，对这样一个横冲直撞、性格毕现，全无半点遮掩的徒弟，孔子以爱、以宽容、以感性包容，却时时以理性、严肃的态度导正之。

日出、日落，花开、花谢。天地出入、人生去来。在循环的过程中，平衡成为准则；否则跛而难行、颠而簸之。孔子理性又感性，所表现的气象雍雍穆穆、万方则之。子路受教孔子前"性鄙、好勇力、志伉直"，有类今日好奇逞狠、无聊无赖的青少年。受孔子教化，那个像今日头顶朋克、浑身重金属配饰，见人稍觉不顺眼，就怒目以对甚至横加陵暴、殴辱人的子路，改头换面，完全被孔子收服了！但到底本性难移，抢话、呛老师，"率尔"的本性不改。卫国政变，"子路在外"，他可以不"受其祸"！可是子路以为领受薪水，就不能不负政治责任。因为有使者入城，城门开了，子路随而入！子路不是入城，是入了鬼门关！有人攻击子路，击断了子路之缨，因为"君子死而冠不免"，为了结系帽带而丢了命！国家有难，"满朝文武尽皆逃"！子路不在事发现场，本可逃过一劫。可是他偏往生命关卡的窄缝钻，"性格决定命运"，此之谓也。

我们也许会想："如果"子路没有被孔子"设礼、稍诱"，子路也许就不会枉死，但"性鄙、好勇力、志伉直（刚直）"的人，最后际遇，亦未可逆料！而钟鸣鼎食、山林放形，各有天性、个人适意；不可相强！不可强！但有一点可以确定：子路一生如果没有遇到孔子，一生好勇斗狠，生命竹下落，不过是叶之陨——也许会发出一点飘落的声响，但终归于沉寂。而因为入了孔门，子路的生命展现辉光的一面，给后人带来无限震撼、一丝轻喟。"燃烧的木头一面喷射着火焰，一面喊道：'这是我的花，这是我的死。'"（泰戈尔诗集《飞鸟集》）子路的血，绽放了孔子生命的价值——教育的价值。子路的存在是一个永恒的奇异，那就是生命。

编撰弁言

一、本书所用的经文大体以朱熹《论语集注》本为主，而校以邢疏本、皇疏本、正平本以及释文本。

二、所引经文都加附注。所引注释包括朱注（朱熹《论语集注》）、集解（何晏等《论语集解》。集解中原有姓氏的，标原氏，如"包曰""郑曰""王曰""孔曰"等是；这些标记上，不再加"集解"二字。如原为何晏等所自注，则引文上标"集解"）、皇疏（皇侃《论语义疏》）、邢疏（邢昺《论语注疏解经》）、刘疏（刘宝楠、刘恭冕父子《论语正义》）等。其余引文，则标明书名或著者姓名，或同时并举。如引《礼记》后引郑玄的《礼记注》，则只标"郑注"；引《说文解字》后引段玉裁的《说文解字注》，则只标"段注"。余类推。如加"按"，则是作者按语。

三、所引经文大部都附翻译。翻译中加 [ ] 以完足语意。

四、论述分段叙述。

目　录

第一章

孔子——仰之弥高、钻之弥坚

叶公问孔子于子路，子路不对。子曰："女奚不曰：其为人也，发愤忘食，乐以忘忧，不知老之将至云尔。"

——《论语·述而》

孔子（周灵王二十一年—周敬王四十一年，公元前551—前479）鲁人（山东曲阜），父叔梁纥、母颜徵在^①。孔子年幼时就没了父亲^②，孔子自己说"吾少也贱"^③，这话多少因他年幼失怙而出。孔子虽然出身贫贱，但他并不因此而自暴自弃；相反，他的好学使自己挺立于天地之间，成为一位人人景仰的圣人。这种不向命运屈服、自立自强的精神，实在令人敬服。孔子名丘，字仲尼^④，古代对人尊称"子"，所以称孔子。我们试从《论语》来看孔子：

一

子曰："十室之邑^⑤，必有忠信如丘者焉，不如丘之好学也。"（《公冶长》）

孔子说："就算是一个很小的地方，也必有生来像我一样忠信的人，[如果他不及我，那是因为]他不像我那么好学。"

子曰:"德之不修,学之不讲,闻义不能徙,不善不能改,是吾忧也。"[⑥](《述而》)

孔子说:"德行不能修明,学问不能讲习,听到好的道理不能好好去做,有过不能改,这都是我最担忧的。"

叶公问孔子于子路,子路不对。子曰:"女奚不曰:其为人也,发愤忘食,乐以忘忧,不知老之将至云尔!"[⑦](《述而》)

叶公向子路问起孔子,子路没有回答。孔子对子路说:"你何不对他说:他的为人,发愤向学几乎忘食,乐于学道忘记烦忧,[他沉醉在这一切中,以至] 不知岁月悠悠、老之将至!"

子曰:"若圣与仁,则吾岂敢。抑为之不厌,诲人不倦,则可谓云尔已矣。"公西华曰:"正唯弟子不能学也。"[⑧](《述而》)

孔子说:"说到仁、圣,那我怎么敢当。我不过是学不厌,教不倦,只是如此罢了。"公西华说,"这正是弟子学不来的。"

子曰:"莫我知也夫!"子贡曰:"何为其莫知子也?"子曰:"不怨天,不尤人,下学而上达,知我者其天乎!"[⑨](《宪问》)

孔子说:"没人了解我!"子贡说:"为什么没人了解老师呢?"孔子说:"我不怨天,不怪人,我讲求很普通的道理、事物,却能从这些普通的道理、事物中体会很高的境界。了解我的恐怕只有老天爷吧!"

一个人要提高自己的人生境界、改善为人处世的态度,学,是唯一的途径。孔子一生重视学——无论是他个人方面的学习还是帮助有心向学的人——对这种态度的坚持,是后人崇敬孔子最重要的理由。孔子一生以教、学为职志,但是他从不自满自夸,这种自我鞭策的精神,正是一个人学不厌、教不倦的原动力。

子曰:"默而识⑩之,学而不厌,诲人不倦,何有于我哉!"(《述而》)

孔子说:"默记所听见看见的,好学不厌,诲人不倦,这些事情对我来说有什么困难的呢!"

子曰:"吾有知乎哉?无知也。有鄙夫问于我,空空如也,我叩其两端而竭焉。"⑪(《子罕》)

孔子说:"我无所不知吗?并不是的。一个朴实的人向我请教,诚恳极了,我从两端反问他而竭尽所能地告诉他。"

《述而》篇另外载有孔子的话："多闻，择其善者而从之；多见而识之，知之次也。"孔子虽不是生而知之，但笃志向学、努力不懈，开科授徒、有教无类。记诵之学，本不是圣的极致，孔子都不敢当，真是谦而又谦了。

所谓"有容乃大"，江海能受百川水，是因为江海处卑下，谦卑是学而有成的重要因素。下面记载在《述而》篇的故事，可以让我们体会孔子接受批评的雅量、认过改过的态度：

陈国的司败（《左传·文公十年》杜注："陈楚名司寇为司败。"）有一回问孔子："鲁昭公知礼吗？"孔子说："知礼。"孔子退下后，陈司败对孔子的弟子巫马期作了一揖，并且很不以为然地说："我听说君子不党，君子也有私心吗？依礼，同姓是不婚的。鲁国国君从吴国迎娶一位女子，鲁国和吴国都是姬姓的，同姓通婚，这是违犯礼的，为了隐讳这违礼的行为，只好称这位女子为'吴孟子'。如果鲁昭公都可以算是知礼，那谁不知礼！"巫马期把陈司败的话一一转告了孔子。孔子并不恼怒，相反地，他说："我真幸运，如果我犯了过失，一定有人看得出来。"

① 孔子父叔梁纥、母颜氏，乃是根据《史记·孔子世家》的记载。《礼记·檀弓下》："夫子之母名徵在。"

② 《孔子家语》："生三岁而梁纥死。"而《史记·孔子世家》

只说"丘生而叔梁纥死"，没说何年，大概都是说孔子年幼时失去父亲。

③ 《论语·子罕》：大宰问于子贡曰："夫子圣者与？何其多能也！"子贡曰："固天纵之将圣，又多能也。"子闻之，曰："大宰知我者乎！吾少也贱，故多能鄙事。君子多乎哉？不多也！"包注："我少小贫贱，常自执事，故多能为鄙人之事。"

④ 《史记·孔子世家》："祷于尼丘得孔子。"又说："生而首上圩顶，故因名曰丘云，字仲尼姓孔氏。"

⑤ 朱注："十室，小邑也。"

⑥ 邢疏：此章言孔子忧在修身也。德在修行，学须讲习，闻义事当徙意从之，有不善当追悔改之。夫子常以此四者为忧，忧己恐有不修、不讲、不徙、不改之事，故云是吾忧也。

⑦ 叶，地名，音 shè。孔曰："叶公，名诸梁，楚大夫也。食采于叶，僭称公。"奚，何也。刘疏："发愤忘食者，谓好学不倦，几忘食也。乐以忘忧者，谓乐道不忧贫也。"

⑧ 抑，语助词。皇疏：为，犹学也。为之不厌，谓虽不敢云自有仁圣，而学仁圣之道不厌也。

⑨ 莫我知也夫，夫，音 fú，句末语助词。马曰：孔子不用于世，而不怨天；人不知，亦不尤人。孔曰：下学人事，上知天命。

⑩ 识，zhì，记也。

⑪ 《庄子·胠箧》："焚符破玺，而民朴鄙。"朴鄙，是同义

复词。朴，通"樸"。所以译"鄙"为朴实。空空如，是空空然的意思。刘疏《释文》："空空，郑或作'悾悾'。郑彼注云，'悾悾，诚悫也。'此鄙夫来问夫子，其意甚诚恳，故曰'空空如'。叩者，反问之也。因鄙夫力不能问，故反问而详告之也。"朱注："两端，犹言两头。"

二

子曰："贫而无怨，难；富而无骄，易。"① (《宪问》)

孔子说："一个人贫困却不怨，很难；富贵而不骄纵，比较容易。"

子曰："富而②可求也，虽执鞭之士，吾亦为之；如不可求，从吾所好。"(《述而》)

孔子说："富贵如果是可以求得来的，那即便是执鞭赶车的贱差，我也做；如果是求不来的，那还是依我所好。"

子曰："饭疏食饮水，曲肱而枕之，乐亦在其中矣。不义而富且贵，于我如浮云。"③ (《述而》)

孔子说："吃粗食、喝白水，手臂一弯就是枕头，[生活虽然清苦，但是]乐趣也就在其中了。不应当得的荣华富贵，对我来说就像天上的浮云一样。[那不是我所关心的。]"

前面我们提过孔子出身贫贱，一个人少年时代忍受贫苦的生活，其中苦况自然是记忆深刻的——少年时代生活较单纯，所以所经历的事物每每印象深刻；年纪大了，生活圈子大了，生活复杂了，可记得的反倒少了，不是吗？所以对孔子来说什么是生活？什么是贫贱？他是亲身经受过的，他深深了解一个人贫贱而不怨天尤人，要经过多少心理的挣扎，才能战胜环境、战胜自己，而淡然处贫贱。这可能就是孔子在那么多弟子中特别赞赏颜渊的原因吧！

一个贫困的人，自然希望脱离贫困——谁不希望富贵！但是孔子他还考虑到"义"——正当与否的问题。如果是可求的富贵，即便为贱役也可求，孔子绝不认为一个人非守贫不可，他绝不这么执着！事实上《泰伯》篇中记着，孔子说："邦有道，贫且贱焉，耻也。"国家有道，就当用世，如果落得个贫贱不堪，是可耻！如果正当的方法不能求得富贵，比如说国家无道，就当安贫乐道，从己所好。《吕氏春秋·慎人》说得好："古之得道者，穷亦乐，达亦乐。所乐非穷达也；道得于此则穷达一也，为寒暑、风雨之序矣。"这里的"为"是"若"、"好像"的意思。

一个人能从其所好，穷达已经是次要问题了，人生有穷达，就好比自然有寒暑、风雨一样，一切都是自自然然的，我们也当坦然接受。拿爱迪生来说，别人的嘲笑对爱迪生并无意义，也不能构成烦恼或使他萌生退意，因为研究、发明是他所好的，是他的兴趣所在。

① 朱注："处贫难，处富易，人之常情；然人当勉其难，而不可忽其易也。"

② 这里的"而"是"若"的意思。朱注："设言富若可求，则虽身为贱役以求之，亦所不辞，然有命焉，非求之可得也，则安于义理而已矣。"

③《说文》："饭，食也。"段注："食也者，谓食之也。此饭之本义也。引申之所食为饭。今人于本义读上声，于引申之义读去声。"这里的"饭"是动词，是"吃"的意思，读 fàn。《诗·大雅·召旻》："彼疏斯粺。"笺："疏，麤也，谓粝米也。"麤，就是"粗"。食，音 sì；《周礼·地官·廪人》："治其粮与其食。"注："谓米也。"疏食，就是粗米。《说文》："厷，臂上也。厶，古文厷。肱，厷，或从肉。臂，手上也。"现在我们通用"肱"字，不用厷和厶；而肱和臂也常混言通称。所以孔注："肱，臂也。"

三

季文子三思而后行①。子闻之曰："再，斯可矣。"(《公冶长》)

季文子凡事再三思考然后才去做。孔子听了说："多想一次，也就够了。"

子之武城，闻弦歌之声，夫子莞尔而笑曰："割鸡焉用牛刀！"子游对曰："昔者偃也闻诸夫子曰：君子学道则爱人，小人学道则易使也。"子曰："二三子，偃之言是也。前言戏之耳。"②(《阳货》)

孔子到了武城，听到琴瑟吟诵之声，就微笑着说："杀鸡哪用得着牛刀！"子游回答说："从前偃听老师说过，在上位的学道就知道爱人，老百姓懂得了道理就比较容易治理。"孔子说："各位，偃的话没错，刚才的话是开玩笑的。"

子曰："道不行，乘桴浮于海，从我者其由与！"子路闻之喜。子曰："由也好勇过我，无所取材。"③(《公冶长》)

孔子说："我所主张的仁道不能实践，不如乘了竹木筏到江海寄余生吧，能够跟我去的恐怕就是仲由了吧！"子路听了，满心欢喜。孔子说："由呀，你倒是比我有勇气，不过上哪儿找竹木编的筏子呢！"

子曰："衣敝缊袍与衣狐貉者立，而不耻者，其由也与。不忮不求，何用不臧！"子路终身诵之。子曰："是道也，何足以'臧'。"④（《子罕》）

孔子说："穿了破袍子和穿着狐貉皮袍的人站在一起，而不觉得难为情的，恐怕只有仲由吧！［那正是《诗经》里说的：］不忮不求，何用不臧！"于是，子路整天念这两句诗。孔子说："这两句诗值得整天念吗？"

"唐棣之华，偏其反而。岂不尔思？室是远而。"子曰："未之思也夫！何远之有！"⑤（《子罕》）

"唐棣花呀！翩然摇晃。哪里是不想你，只因为两地相隔太遥远。"孔子听了说："还是不想吧，［如果真有心，］哪还有什么远不远的！"

原壤夷俟。子曰："幼而不孙弟，长而无述焉，老而不死，是为贼。"以杖叩其胫。⑥（《宪问》）

原壤蹲着等孔子。孔子说："年轻的时候不恭逊，年纪大了无可称述的，到老了还白吃饭，真是祸害。"用杖敲了敲他的小腿。

孔子是古今公认的圣人，由于他是圣人，我们不但把他圣化了，甚至把他神化了，他俨然是不可犯的，他的话都是圣旨，玩笑不得！可是老夫子明明说"前言戏之耳"！

孔子看见子游以礼乐施教于武城百姓，并且成绩卓然，能不衷心欢悦吗！于是他微笑着开了个玩笑。

"季文子三思而后行"的话，可能是季孙自说或时人称季孙的话。"三思"应该和"慎思"一样，未必一定是三。孔子这批评，也是一时兴起，跟门人说句戏言罢了。孔子何必计较那一思呢！多思少思，实在要因事而异；事有需千思百思的，亦有一思便可的！

孔子偶然随便一句话，就使子路"喜"，这一个"喜"字，不知包含了多少兴奋雀跃，孔子看在眼里，又不便责备，只好幽他一默了！

子路整天口中喃喃"不忮不求，何用不臧！"有人整天念"岂不尔思，室是远而。"孔子听得腻了，也只好用幽默话堵堵他们的嘴！

跟原壤是老交情了，可是他那么没礼数，不成话，这蹲着等人成何体统，敲敲小腿，"老没长进！"

从这里我们不得不佩服《论语》的高度写作技巧，真是呼之欲出、栩栩如生！当然我们更欣赏孔子的高度幽默感——不温不火、恰到好处。

① 郑曰："季文子，鲁大夫季孙行父也。文，谥也（是他的谥号）。文子忠而有贤行，其举事寡过，不必及三思也。"

② 朱注："弦，琴瑟也。时子游为武城宰，以礼乐为教，故邑人皆弦歌也。"莞，音 wǎn。朱注："莞尔，小笑貌。盖喜之也。因言其治小邑，何必用此大道也。"偃，言偃，字子游，孔子弟子；弟子在老师前，自称名，老师亦直呼其名。

③ 朱注："桴，筏也。"郑曰："子路信夫子欲行，故言好勇过我也。无所取材者，言无所取桴材也。以子路不解微言，故戏之耳。"

④ 衣，音 yì，动词，是穿的意思。敝，坏也。缊，音 yùn，本指乱麻。朱注："袍：衣有著者也。"缊袍，是絮了乱麻的袍子，是"衣之贱者"。狐貉，是皮裘，是"衣之贵者"。忮，音 zhì；"不忮不求，何用不臧"见《诗经·邶风·雄雉》。朱注："忮，害也。求，贪也。臧，善也。言能不忮不求，则何为不善乎。孔子引之，以美子路也。""是道也，何足以'臧'！"是孔子对子路的一句戏言。孔子听子路常诵这两句诗，所以对他讲这句戏言。这个"臧"字，是没有意义的。因为子路所诵的诗末字为"臧"，所以孔子就用这个"臧"字以代表子路喃喃的声音。（毛子水先生说）

⑤ 华，古"花"字，经典里"花"常写作"华"。朱注：

"唐棣，郁李也。偏，《晋书》作'翩'。然则反亦当与'翻'同；言华之摇动也。而，语助也。此逸诗也。"黄式三《论语后案》："何解以此连上为一章；北宋诸儒多从之。苏子瞻以诗为思贤不得之辞，别分一章。"朱子集注把本章和上章"子曰：可与共学，未可与适道；可与适道，未可与立；可与立，未可与权"分为两章；较妥。"未之思也夫！何远之有！"这是孔子对弟子的戏言。当然，这也是孔子对逸诗"岂不尔思？室是远而"的评论。这个"尔"是指的什么？苏东坡认为逸诗是表现思贤不得的，那么"尔"自然指的是"贤"，这种讲法自然发人深省。

⑥ 原壤，孔子的故旧。夷，蹲踞也。俟，待也。述，犹称也。贼，害也。胫，音 jìng，脚胫，自膝盖到脚跟的部分。

四

子路宿于石门。晨门曰："奚自？"子路曰："自孔氏。"曰："是知其不可而为之者与？"① (《宪问》)

子路在石门过了一夜。管城门的问道："你从哪儿来的？"子路说："从孔家。"管城门的说："就是那位明知不可为却还要去做的先生吗？"

子曰："朝闻道，夕死可矣！"②（《里仁》）

孔子说："如果能够看到天下太平，就是马上死也甘心。"

子曰："甚矣，吾衰也！久矣，吾不复梦见周公！"③（《述而》）

孔子说："我真是衰老得厉害呀！好久了，我没再梦见周公！"

子曰："凤鸟不至，河不出图，吾已矣夫。"④（《子罕》）

孔子说："凤鸟不来，河也不出图，我希望天下太平的心愿怕是完了！"

子贡曰："有美玉于斯，韫椟而藏诸？求善贾而沽诸？⑤"子曰："沽之哉！沽之哉！我待贾者也！"（《子罕》）

子贡说："在这里有一块美玉，是摆在柜子里藏起来？还是找个好价钱卖了？"孔子说："卖了它！卖了它！我在等着别人出好价钱！"

孔子所处的时代，是一个特别乱的时代，臣弑其君、子弑其父，巧言令色、越分僭礼；一个"大道之行也"的国家或世界的实现，是孔子所期盼的。

孔子在匡地遇到危难，他说："文王死了以后，文化的传统不都在我身上吗？"（《子罕》）

这一种强烈的使命感，使孔子发了"朝闻道，夕死可矣"的感叹，而且由此更使我们领会到孔子忧世忧民的苦心！

"太平盛世"是孔子所念念的，文武盛世，自然亦是孔子所念念的，所以孔子自不能不常常想到周公，既常常想到，便会常常梦到。到了暮年，壮心未已，既是个"知其不可而为之"的人，对澄清天下的重担自然放不下，这真是任重道远，死而后已了。所以年纪大了，衰老了，但是还是不能忘怀于梦见周公。而孔子这一叹使我们领会孔子一生一世志在天下太平。

春秋战国的时候，可能已流行着凤鸟、河图是太平盛世的瑞兆的话了，孔子便随俗用以寄叹。从孔子的叹息中，我们可以了解到孔子生平最大的寄望就是天下太平；因为一心希望天下太平，所以成了一个"知其不可而为之"的人。

孔子既然希望天下太平，他个人自然就不会拒绝用世，事实上他周游各国，就是希望有机会施展抱负。所以孔子对子贡的问题，回答说："沽之哉！沽之哉！"重复"沽之哉"，像在说："卖！卖！"话急而意决，承一句缓语"我待贾者也"，透着一种风趣，也写出孔子济世的热切衷肠。

微生亩谓孔子曰："丘，何为是栖栖者与！无乃为佞乎？"孔子曰："非敢为佞也，疾固也！"⑥（《宪问》）

微生亩对孔子说："丘，为什么那么栖栖遑遑的，莫非是要逞口舌去讨好人家？"孔子说："我不敢逞口舌，我只是恨世人的固陋，想法要改变他们。"

陈成子弑简公。孔子沐浴而朝，告于哀公曰："陈恒弑其君，请讨之！"公曰："告夫三子！"孔子曰："以吾从大夫之后，不敢不告也；君曰：告夫三子者！"之三子告，不可。孔子曰："以吾从大夫之后，不敢不告也。"⑦（《宪问》）

陈成子杀了齐简公。孔子斋戒沐浴后郑重地上朝向鲁哀公报告说："陈恒杀了他的国君，请出兵讨伐他！"哀公说："你去告诉位高权重的三卿！"孔子〔退朝后〕说："因为忝为大夫，所以不敢不把这事报告君上；君上却说'去告诉位高权重的三卿'！"孔子到三卿家里去讲，三家都不赞成。孔子说："因为我忝为大夫，不敢不据实来告。"

卫灵公问陈于孔子。孔子对曰："俎豆之事，则尝闻之矣；军旅之事，未之学也。"明日遂行。⑧（《卫灵公》）

卫灵公向孔子问战阵征伐之事。孔子回答说："礼仪方面的事情，我曾学过；战阵方面的事情，我没学过。"第二天便离开了卫国。

齐人归女乐，季桓子受之，三日不朝。孔子行。⑨（《微子》）

齐国送给鲁国一个女子歌舞团，季桓子接受了，结果他三天没上朝。孔子很失望，就离开了鲁国。

阳货欲见孔子，孔子不见。归孔子豚。孔子时其亡也而往拜之，遇诸涂。谓孔子曰："来！予与尔言。"曰："怀其宝而迷其邦，可谓仁乎？"曰："不可"。"好从事而亟失时，可谓知乎？"曰："不可"。"日月逝矣，岁不我与！"孔子曰："诺，吾将仕矣！"⑩（《阳货》）

阳货想见孔子，孔子不见他。他送孔子一只小猪。孔子等他不在家的时候去拜谢他，却在路上遇上了。阳货对孔子说："来！我同你说话。"接着说："一个人藏着本事让他的国家乱下去，可说是仁吗？当然不可以！愿意出来做事却每每错失机会，可说是聪明吗？当然不可以！日子一天天过去了，岁月是不等人的！"孔子说："是，我是要出来做事了！"

孔子一生以天下为己任，担负多么沉重！路途多么遥远！他甚至受到别人的挖苦——栖栖遑遑无乃为佞！但是孔子并没有向现实低头，他明知其不可而为之，为所当为：邻国发生了政变——臣子竟杀了国君！真是"人伦之大变，天理所不容。"【朱注语】孔子郑重其事地向国君报告，国君——一国之长，却不能主事，只说"告夫三子！"三家专政，越主僭上，虽未弑君，君却形同虚设。

在这种情况下，三家自然不可能同意讨伐弑君逆臣来自掌嘴脸，孔子对这种情势何尝不明白，但是他还是老老实实"之三子告"，孔子只是行所当行，至于事情行不通，则早在预料中了。

孔子对人虽然风趣、幽默，但是他对事却是顶认真、不妥协的：卫灵公既问阵，可见此君无心文德，只想近功，孔子就走——第二天就走，毫不迟疑。

鲁定公十年，孔子五十二岁，他由中都宰而司空，而大司寇。定公和齐景公在夹谷盟会，孔子以大司寇随行，齐本想侵袭鲁君，由于孔子镇定，以礼责备景公，才化险为夷。

定公十二年，孔子为了消弭三家的势力，改善三家专政的局面，派弟子仲由毁三桓城，收其甲兵，这就是后人所谓"堕三都"，这个计划如果成功，鲁国政局可以一清，可惜孟懿子抗命——孟懿子还曾向孔子问孝！说起来他还是孔子的学生！由于学生抗命，老夫子失败了。

如果（我们说"如果"是因为清人崔述对这事"存疑"）季

桓子曾受齐女乐，我们想孔子这时一定很伤心，因为事情失败在自己弟子手上，同时也会很灰心。女乐使"君臣相与观之，废朝礼三日"！【见孔安国注】虽然这里是父母国，虽然这里是扎根处，孔子还是走了。

"阳货欲见孔子，孔子不见。归孔子豚。"从这个记载可以想象阳货的嘴脸——他以为妙计得逞，不想孔夫子以其道治其身，你怎么来我怎么去——时其亡而往拜之！可是"遇诸途"，真是狭道相逢，躲他不过！

这一声"来！"不知透着多少得意、兴奋。看吧！那阳货自拉自唱、自问自答，都是道理，还真驳他不倒，大摆请君入瓮的姿态，可没想到孔夫子不过虚与委蛇，漫应一句，也就过去了。阳货兴奋雀跃、口沫横飞，满嘴大道理，孔子却意态悠闲、好整以暇，只是一句话，前后对照，令人忍俊不禁。但一细想，孔夫子对阳货一流人也得应付，真真是无可奈何！

① 郑注："石门，鲁城外门也。晨门，主晨夜开闭也。"朱注："盖贤人，隐于抱关者也。"朱子认为这个守城门的人，是一位贤能的隐者。朱子的这个看法自然是从下面晨门"知其不可而为之"不俗的谈吐而来的。实在说来，《论语》所以录这章，恐怕也是为了这句话吧！

② 集解："言将至死不闻世之有道也。"这个解释最合经意！《雍也》篇"鲁一变，至于道"，《里仁》篇"士志于道"，

还有《微子》篇"天下有道"的"道"，都以这个讲法为合。这些"道"字，和"吾道一以贯之"、"古之道也"的"道"，意义完全不同！自汉以来，除二三学者外，注释《论语》的人，都把孔子"朝闻道"的话讲错了。《汉书·夏侯胜传》："[夏侯]胜、[黄]霸既系，霸欲从受经，胜辞以罪死。霸曰：'朝闻道，夕死可矣！'胜贤其言，遂授之。"这是最早的误解孔子这句话的事例。（以上见毛子水先生《论语今注今译》。）朱注："道者，事物当然之理。"以"道"为道理，是对这章"道"字的普通讲法。朱注："朝夕，所以甚言其时之近。"朝夕，是表示马上、立刻的意思。

③ 朱注引程子曰："孔子盛时，寤寐常存行周公之道，及其老也，则志虑衰而不可以有为矣。盖存道者心，无老少之异；而行道者身，老则衰也。"

④ 《国语·周语上》："内史过曰：周之兴也，鸑鷟鸣于岐山。"韦昭注："三君云：鸑鷟，凤之别名也。"《说文》："凤，神鸟也。"《墨子·非攻下》："赤鸟衔珪，降周之岐社，曰：天命周文王，伐殷有国。泰颠来宾，河出绿图。"

⑤ 马曰："韫，藏也。椟，柜也。谓藏诸柜中。"韫，音yùn。椟，音dú。《说文》段注："匮与椟与音义皆同。"匮，俗作柜。"韫椟而藏诸"，虽然犯了言词重复的毛病，不过古人自有复语，比如《诗经·卫风·硕人》："硕人其颀"，硕已含大的意思。（《诗经·唐风·椒聊》："硕大无朋。"）颀，也是形容身材高大的样子。（颀，音qí，长貌。）贾，音义同"价"。善贾，就是高价。

沽，音 gū，卖也。这里的"诸"是"之乎"的合音。(王引之《经传释词》："急言之曰诸，徐言之曰之乎。")

⑥　朱注："微生，姓。亩，名也。亩，名呼夫子而辞甚倨，盖有齿德而隐者。"栖，音 qī（又音 xī）。栖栖，是不安的样子。朱注："为佞，言其务为口给以悦人也。疾，恶也。"包曰："病世固陋，欲行道以化之。"

⑦　朱注："成子，齐大夫，名恒。简公，齐君，名壬。事在春秋哀公十四年。"沐，洗头；浴，洗身。刘疏："礼于常朝不齐，此重其事，故先齐也。"按：刘疏的"齐"即"斋"，凡斋必沐浴。三子指仲孙、叔孙、季孙三卿，当时鲁国的政权都在三家手中。

⑧　陈，音义同"阵"。问陈，就是问战阵之事。俎豆，是古代的礼器，是用来朝聘和祭祀的。

⑨　《史记·孔子世家》："定公十四年，孔子由大司寇行摄相事；与闻国政，齐人闻而惧。……于是选齐国中女子好者八十人，皆衣文衣而舞康乐，文马三十驷，遗鲁君。陈女乐文马于鲁城南高门外。……季桓子卒受齐女乐。三日不听政，郊又不致膰俎于大夫。孔子遂行。"清崔述《洙泗考信录二》列本章于"存疑"，说："按《孟子》但言'不用、从而祭、不税冕而行'，未尝言'归女乐'一事。"

⑩　赵注："阳货，鲁大夫也。"归，有一本作"馈"，是赠送的意思。《孟子·滕文公下》："阳货欲见孔子而恶无礼。大夫有赐于士，不得受于其家，则往拜其门。阳货瞰孔子之亡也而馈孔子

蒸豚。"《广雅·释言》:"时,伺也。"这里的"诸"等于"之于"。涂,同"途",道途也。"来! 予与尔言"下的"曰"字,似不应有,因为"怀其宝"以下的话,还是阳货讲的。不过古书里记语气更换时,偶尔也加个"曰"字。"怀其宝而迷其邦,可谓仁乎? 曰:不可!"这个"曰"字乃是一个人自为问答时用的。《经传释词二》:"有一人之言而自为问答者,则加'曰'字以别之。"亟,音 qì,是频频、屡次的意思。《礼记·玉藻》:"父命呼,唯而不诺。"注:"唯:速而恭;诺,缓而慢。"孔子对阳货的话只是漫答虚应,所以用"诺",从"诺"字,可以体会孔子无可奈何的心情。

五

陈亢问于伯鱼曰:"子亦有异闻乎? "对曰:"未也,尝独立;鲤趋而过庭。[①]曰:'学《诗》乎? '对曰:'未也。''不学《诗》,无以言。'鲤退而学《诗》。他日,又独立;鲤趋而过庭。曰:'学《礼》乎? '对曰:'未也。''不学《礼》,无以立。'鲤退而学《礼》。闻斯二者。"陈亢退而喜曰:"问一得三,闻《诗》,闻《礼》,又闻君子之远其子也。"(《季氏》)

陈亢问伯鱼说:"你是不是从老师那里得到什么特别的教

训？"伯鱼答道："没有。曾有一次他独自站着，我快步走过庭中。他说：'学《诗》了吗？'我答道：'没有。'[他说：]'不学《诗》，没法把话说得好。'我退下后就去学《诗》。另外一天，他又独自站立着，我快步走过庭中。他说：'学《礼》了没？'我回答说：'没有。'[他说：]'不学《礼》，没法立身处世。'我退下后就去学《礼》。我只得了这两个教训。"陈亢退下后高兴地说："我问一件事却得了三种道理。我懂得了《诗》的重要，懂得了《礼》的重要，而且也懂得了一个君子即使对自己的儿子也没有私心。"

颜渊死，颜路请子之车以为之椁。子曰："才、不才，亦各言其子也。鲤也死，有棺而无椁。吾不徒行以为之椁；以吾从大夫之后，不可徒行也。"② (《先进》)

颜渊死了，颜路请求孔子把车做颜渊殡时的椁。孔子说："回和鲤虽有才与不才的分别，但从我们两人讲，却同是儿子。鲤死的时候，有棺而无椁。我并没有把车给他做椁而自己步行，因为我曾身居大夫，依礼是不当步行的。"

以上所举两段记载，很值得玩味。在《论语》里另有两处记载着陈亢（子禽）的谈话：

一见《学而》篇："子禽问于子贡曰：'夫子至于是邦也，必闻其政：求之与？抑与之与？'"

一见《子张》篇："陈子禽谓子贡曰：'子为恭也，仲尼岂贤于子乎？'"

两次谈话的对象都是子贡，看来陈亢对子贡是颇崇拜的，对孔夫子却是保留的；陈亢似乎有背后刺探或批评人的习惯，难怪他要向孔子的儿子打听行情了。可是君子无私，陈亢连半点私情也没挖着。（真泄气！）不过，陈亢能懂得"问一得三"，到底是不俗的。

颜回是孔子最喜欢的学生，二十九岁头发全白了，三十二岁就死了③，英才早逝啊！难怪孔子"哭之恸"，而且还说"不为这样的人伤心却为谁伤心呢！"可见孔子痛惜之情，恐怕并不下于一个父亲痛惜他的儿子！

但是爱归爱、疼归疼，门徒就是门徒、儿子就是儿子；鲤死，有棺无椁；回死，就不能涂车为椁，孔子不答应颜路的要求并不是因为孔子不爱颜回，相反，依礼，士的殡礼，根本用不到"椁"！

我们看孔子对门人厚葬颜回的叹语："回也，视予犹父也；予不得视犹子也。非我也；夫二三子也！"就可以了解，孔子要以适当的礼葬颜回———一切要合理合情！而不可厚诬死者！

子温而厉，威而不猛，恭而安。④（《述而》）

39

孔子待人温和而处事严正，外表威严而性情平和，形貌恭谨而内心舒泰。

孔子于乡党，恂恂如也，似不能言者。其在宗庙朝廷，便便言，唯谨尔。⑤（《乡党》）

孔子在家乡，态度恭谨，好像不能说话似的。他在宗庙朝廷，虽言词明辨，不过还是很谨慎。

子钓而不纲；弋，不射宿。⑥（《述而》）

孔子钓鱼，但不用网罟去捕鱼；射飞鸟，但不射停在鸟巢的鸟。

子食于有丧者之侧，未尝饱也。子于是日哭，则不歌。（《述而》）

孔子和一个有丧事的人在一起吃饭，从没有吃饱过。孔子在那天吊丧哭过后，就不会再唱歌。

子在齐闻《韶》，三月不知肉味。曰："不图为乐之至于斯也！"⑦（《述而》）

孔子在齐国听了《韶》乐，一连学了三个月，吃饭连肉味都觉不出了。他说："真没想到学音乐会使人到这个地步！"

子与人歌而善，必使反之，而后和之。⑧（《述而》）

孔子跟人唱歌，如果觉得别人唱得好，一定请他再唱一遍，然后跟他唱和。

朋友死，无所归⑨，曰："于我殡。"朋友之馈，虽车马，非祭肉，不拜。（《乡党》）

朋友死了，没有亲属出来主持丧事，孔子就说："我来办。"朋友有所馈赠，除非是祭肉，即便是车马，也不行拜礼。

师冕见。及阶，子曰："阶也。"及席，子曰："席也。"皆坐，子告之曰："某在斯，某在斯。"师冕出，子张问曰："与师言之，道与？"子曰："然，固相师之道也。"⑩（《卫灵公》）

师冕来见孔子。到了阶前，孔子说："这是台阶。"到了座席前，孔子说："这是座席。"都坐定了，孔子告诉他，"某某在这里，某某在这里。"师冕出去后，子张问道："老师和乐师讲的话，都合乎道理吗？"孔子说："是的，这是我们对待一个眼睛看不见的乐师所应有的道理。"

通过这些小片段，也许我们可以和孔子更亲近些！你看这恐怕是学生们给老师的素描吧！"温而厉，威而不猛，恭而安"，真是"望之俨然，即之也温"（《子张》）！我们想孔子一生做人做事都力求合理合情，教学因材施教，在乡党、在宗庙朝廷言貌各不相同，就是钓、射，也只是意思意思，绝不想一网打尽、赶尽杀绝，真个是其钓、射也君子！对鱼鸟都心存仁厚，对人就更不必说了。

同情心人人都有，不过我们偶尔也可以看见对着出殡行列大声喧哗的场面——人常常疏忽小节，可是孔子并不因小节而疏忽，所以弟子才有以下的记载："子食于有丧者之侧，未尝饱也。"

我们再看他招待师冕的种种，多细心、多善体人意。朋友死了，孔子包办丧事，多有义有情，现在有时听人说"人去人情亡"！唉！

"学琴的朋友不会变坏"，那么喜欢音乐的人一定是可爱的。孔子多迷音乐呀！一学三月竟到不知肉味的地步，难怪孔夫子要吃惊，我们是又惊又羡呢！一个人可以学习自己喜欢的事物，而且一迷三个月，多美呀！

孔夫子多可爱可敬，他不忌妒，别人唱得好，请他再唱一遍！然后一同唱和！一起欢唱！

① 亢，音 gāng。陈亢，字子禽。伯鱼，孔子的儿子孔鲤的字。趋，疾行也。

② 颜路，颜回父颜无繇的字，路也曾是孔子的弟子。朱注："椁，外棺也。"宦懋庸《论语稽》："请车为椁，朱注从孔说：以为卖车买椁。笺注家皆无以正其误。按：卖车买椁之说有八不可解。……今考《礼经》，乃知颜路请车为椁，盖欲殡时以孔子之车蒉涂为椁，非葬时之椁也。"《孔子世家》："孔子生鲤，字伯鱼。伯鱼年五十，先孔子卒。"《说文》："徒，步行。"《礼记·王制》："君子耆，老不徒行。"

③ 见《史记·仲尼弟子列传》和《孔子家语》。

④ 厉，严正。《左传·襄公三十一年》："有威而可畏谓之威。"

⑤ 郑注："恂恂，恭慎貌。"朱注："似不能言者，谦卑逊顺，不以贤知先人也。乡党，父兄宗族之所在，故孔子居之，其容貌辞气如此。"郑注："便便，辩也。虽辩而敬谨。"朱注："宗庙，礼法之所在；朝廷，政事之所出；言不可不明辩。故必详问而极言之，但谨而不放尔。"

⑥ 朱注："纲，以大绳属网，绝流而渔者也。"以绳系矢而射叫弋，音 yì。朱注：宿，宿鸟。

⑦ 韶，舜乐。朱注：《史记》'三月'上有'学之'二字。不知肉味，盖心一于是而不及乎他也。"按："三月"上添"学之"，

较合；下文正作"为"乐，为乐，就是学音乐。

⑧　朱注："反，复也。必使复歌者，欲得其详而取其善也。"和，音 hè，唱和。

⑨　孔曰："无所归，无亲昵也。"

⑩　朱注："师，乐师，瞽者。冕，名。"吴志忠的朱注刻本于"与师言之"下作逗，"之"是所言者。相，音 xiàng，助也。

六

子畏于匡，曰："文王既没，文不在兹乎！天之将丧斯文也，后死者不得与于斯文也！天之未丧斯文也，匡人其如予何！"①（《子罕》）

孔子在匡地遇到危难时说："周文王死了以后，文化的传统不都体现在我身上吗？天如果要断绝这文化，就不应该让我有这个抱负；天如果不想断绝这文化，匡人又能把我怎么样！"

在陈，绝粮，从者病，莫能兴。子路愠，见曰："君子亦有穷乎？"子曰："君子固穷，小人穷，斯滥矣！"②（《卫灵公》）

孔子在陈国的时候，断了粮食。随从的弟子都饿得慌，起都起不来了。子路很生气，见了孔子说："君子也会穷吗？"孔子说："君子固然也有穷困的时候，[不过，不像]小人穷了，就什么都做得出来！"

孔子一生颠沛流离，多灾多难，少年时贫贱，中老年时困厄。这么可敬的人，却遭到这般磨难，是上天所设的试炼吗？当然铁要通过煅烧才能成钢，人在穷困的时候才能显出他的气度。

鲁国的阳虎，不知在匡做了几筐几篓的坏事，匡人对他恨极了。偏偏孔子和阳虎长得有几分像（造化弄人！），而给孔子赶车的颜刻又曾随阳虎到过匡地，这下误会是解释不清了，包围起来！

法国大革命时的暴民，那股暴劲是要人命的！想想，孔子他们这批人处境多危险！可是孔子并没惊慌失措，看！他对自己多有自信，这种舍我其谁的使命感，使他豪气干云、不忧不惧！

在陈，连最基本的维持生命的粮食都断了，生命的延续也许马上就会成问题，孔子却并不曾怨天尤人，他只是告诉一腔怒火的子路：人要有格调、有风骨。

① 畏，受了危难。（见毛子水先生《论语今注今译》）《史记·孔子世家》："孔子适卫。或谮孔子于卫灵公；孔子去卫。过匡，匡人闻之，以为鲁之阳虎。阳虎尝暴匡人，匡人于是遂止孔子，拘焉，五日。弟子惧，孔子曰：'文王既没，……匡人其如予

何！'孔子使从者为宁武子臣于卫，然后得去。"《史记》的记载崔述以为不足信，他在他的《洙泗考信录》卷三曾加论辩；《庄子·秋水》、《说苑·杂言》都有子畏于匡的记载，匡或以为是卫邑、或以为是宋邑、或以为是郑邑，众说纷纭，不过子畏于匡的说法倒是流传了很久——战国时人还在述说这件事情。文，指文化。

②　病，皇疏："困也。"这个"病"可以泛称所有身体上的"困"，生病当然是其一；另外像本章的饿死了，《孟子》："今日病矣，予助苗长矣。"病，朱注："疲倦也。"就是我们所说的"累死了"。《左传·僖公二十八年》：使问且视之，病，将杀之。笺：病，伤重也。朱注："兴，起也。"何氏曰："滥，溢也。言君子固有穷时，不若小人，穷则放溢为非。"

七

子击磬于卫。有荷蒉而过孔氏之门者，曰："有心哉！击磬乎！"既而曰："鄙哉！硁硁乎！莫己知也，斯己而已矣。深则厉，浅则揭。"子曰："果哉，末之难矣！"①（《宪问》）

孔子在卫国，有一天正敲着磬。有一个挑着草筐的人走过孔子门前，说："有心呀！敲磬的！"隔了一会儿又说："太陋了！

硁硁的！没有人了解我们，自顾自也就是了。[《诗》上不是告诉我们：] 水深蹚过去，水浅褰裳过。"孔子说："可真果决呀！如果能这样，也就没什么难处了。"

楚狂接舆歌而过孔子，曰："凤兮凤兮，何德之衰！往者不可谏，来者犹可追。已而已而，今之从政者殆而！"孔子下，欲与之言。趋而辟之，不得与之言。②（《微子》）

楚国的狂人接舆唱着歌走过孔子的门前，说："凤呀凤呀，你的命运为什么那么坏！过去的没法挽回，将来的还可努力追求。算了吧！算了吧！现在的从政者实在是危险呀！"孔子下堂出门，想和接舆谈谈。他却赶快走避，孔子也没法跟他谈了。

长沮桀溺耦而耕。孔子过之，使子路问津焉。长沮曰："夫执舆者为谁？"子路曰："为孔丘。"曰："是鲁孔丘与？"曰："是也。"曰："是知津矣。"问于桀溺，桀溺曰："子为谁？"曰："为仲由。"曰："是鲁孔丘之徒与？"对曰："然。"曰："滔滔者天下皆是也，而谁以易之！且而与其从辟人之士也，岂若从辟世之士哉！"耰而不辍。子路行以告。夫子怃然，曰："鸟兽不可与同群，吾非斯人之徒与而谁与！天下有道，丘不与易也。"③（《微子》）

长沮、桀溺一起耕田。孔子路过，叫子路去打听渡口在哪儿。长沮说："那执辔的是谁？"子路说："是孔丘。"长沮说："是鲁国的孔丘吗？"子路说："是。"长沮说："那他应该知道渡口在哪里。"子路又向桀溺打听。桀溺说："你是谁？"子路说："仲由。"桀溺说："是鲁国孔丘的门徒吗？"子路答道："是的。"桀溺说："天下乱糟糟的，到处都是一样的，却跟谁一起来改变它！况且你与其跟着躲避坏人的人，何不跟着我们这种避开整个乱世的人呢！"说完，他就不断地犁田，不再理子路。子路只好走回孔子身边，把他们的对话都向孔子报告。孔子听了，怅然说道，"我们没法和鸟兽在一起，我们不和人类在一块儿却和什么在一块儿！天下如果太平，我是不会想要改变它的。"

子路从而后，遇丈人，以杖荷莜。子路问曰："子见夫子乎？"丈人曰："四体不勤，五谷不分：孰为夫子！"植其杖而芸。子路拱而立。止子路宿；杀鸡为黍而食之。见其二子焉。明日，子路行以告。子曰："隐者也！"……④（《微子》）

子路跟随孔子出去，却落在后边了，遇见一位老人，用杖挑着耘田器。子路问道："你见到我的老师了吗？"老人说："身体不勤劳，也不种五谷粮食，谁是老师啊！"把杖竖了就耘起田来。子路恭敬地拱手站着。老人留子路过夜，杀了鸡做了黍饭请他吃。为他引见了自己的两个儿子。第二天，子路［见了孔子］把昨日事告诉了孔子。孔子说:"他是位隐者啊!"

如果我们说孔子是积极用世的实行家,那么接舆、长沮、桀溺等人就是消极避世的隐退者,由于他们在人生观上有很大差异,所以行为上就大不相同了。隐者对孔子,或惋惜、或讽谏,在隐者的心目中,天下滔滔,既无法兼善天下,倒不如独善其身,所以他们对孔子周游天下、明知不可为而为之的行径,感到不解。

孔子以为生为人类,就得与人相接,就当为人尽力,这是一个人的责任,不容逃避。罗曼·罗兰说:"世界上只有一种英雄精神,那就是照现实来看世界,并且爱它。"是的!世界也许太乱,人生也常不如意,可是逃避,只显示内心的怯懦——连面对问题、困难的勇气都没有!无法使问题化解、困难去除——如果我们不尝试,那么我们连失败的机会都没有。孔子愿意忍受别人的挖苦和误解,为所当为,也只在图一个心安,至于事情的成败,倒在其次。

孔子的再传弟子孟子,最能把握孔子这种精神,孟子说:"当今之世,舍我其谁!"(《孟子·公孙丑下》)。春秋时代是一个混乱的时代,战国时代的混乱,比起春秋时,犹有过之!"臣弑其君者有之,子弑其父者有之。"(《孟子·滕文公下》)"争地以战,杀人盈野;争城以战,杀人盈城。"(《孟子·离娄上》)

铁器的普遍利用,使战争更为惨烈,而战争的结果,是土地的掠夺——春秋时有一百余国,到战国时却只有七雄最为强盛了！面对这样一个混乱的时代，孟子发挥了他救世的狂情，慨然以天下兴亡为己任！我们想这是孟子被后人尊为"亚圣"最重要的原因！

叔孙武叔语大夫于朝曰："子贡贤于仲尼。"子服景伯以告子贡。子贡曰："譬之宫墙，赐之墙也及肩，窥见室家之好；夫子之墙数仞，不得其门而入，不见宗庙之美，百官之富。得其门者或寡矣。夫子之云，不亦宜乎？"⑤（《子张》）

叔孙武叔在朝上对大夫说："子贡比仲尼高明。"子服景伯把这话告诉了子贡。子贡说："好比是围墙吧！我的围墙不过及肩高，从外面可以望见房子的美好；老师的围墙却有好几仞高，如果没法从门户进去，那么，就见不到那美好、富丽的一切。能够得其门户进入的可能很少。武叔这样说，也是难怪的。"

叔孙武叔毁仲尼。子贡曰："无以为也！仲尼，不可毁也。他人之贤者，丘陵也，犹可逾也；仲尼，日月也，无得而逾焉。人虽欲自绝，其何伤于日月乎！多见其不知量也。"⑥（《子张》）

叔孙武叔毁谤仲尼。子贡说："不要这样做！仲尼，是不能毁谤的。别人的贤能，好比丘陵，还可以越过；仲尼的贤德，好比日月，是没法子越过的。一个人虽想要自取毁灭，这对日月又有什么妨害！只不过显得不自量力罢了。"

陈子禽谓子贡曰："子为恭也，仲尼岂贤于子乎！"子贡曰："君子一言以为知，一言以为不知：言，不可不慎也。夫子之不可及也，犹天之不可阶而升也。夫子之得邦家者，所谓立之斯立，道之斯行，绥之斯来，动之斯和。其生也荣，其死也哀，如之何其可及也！"⑦（《子张》）

陈子禽对子贡说："你是客气呀！仲尼难道比你高明！"子贡说："君子一句话就可以显出是不是聪明，说话，是不能不谨慎的。老师的不可及，好比天是不能爬梯子而登上去的。老师如果能在一国当政，那么他扶植的百姓就能站稳；诱导的百姓就能遵行；安抚的百姓就能归来；鼓动的百姓就能响应。他活着受人尊敬，死了受人哀悼，这种人我们怎么能比得上！"

钟鼎山林，人各有志。退隐乡野的田夫野老，看不惯孔子那仆仆风尘、奔波于列国的傻劲，所以不免批评几句，这还有得说；叔孙武叔、陈子禽一类人就真有些莫名其妙，居然诋毁仲尼！

汉朝的学者郑玄以为子禽是孔子弟子。【见《学而》篇"子禽问于子贡"章注疏引郑注】不过在《论语》里，弟子当面称孔子"子"，背后呼"夫子"，而陈子禽直呼"仲尼"，非弟子礼！《史记·仲尼弟子列传》没有列载陈亢（子禽），想来太史公是有他的理由的。何况背后批评老师，在孔门中是没有的。

叔孙武叔和陈子禽他们抬举的对象都是子贡。子贡是孔门中很出色的一个学生，他语言方面的天分和通达的政治手腕⑧，使他成为了孔门中的巨富。"子贡一出：存鲁、乱齐、破吴、强晋而霸越。"在国际舞台上是个翻云覆雨的厉害角色。

子贡喜欢批评别人⑨，不过，好在子贡还颇有自知之明，至少子贡自己承认他不如颜回那么好⑩——一个人能承认自己不如别人，就是不断努力求进步的原动力！不是有句话说：知不足，然后足吗！

子贡这一种"喜扬人之美"【见《史记·仲尼弟子列传》】的德行，使他没有沉醉在叔孙武叔和陈子禽的掌声中，倒是冷静地指出孔子的伟大和叔孙武叔、陈子禽言语上的过失。

① 磬，音 qìng，古代用石制成的乐器。荷，音 hè，担也。《说文》："蒉，艸器也。"屮，是草木初生；艸，是百草，现在写成"草"。硁，音 kēng，硁硁，是击磬声。刘疏："斯己者，言但当为己，不必为人；即孟子所云'独善其身'者也。""深则厉、浅则揭"，见《诗经·邶风·匏有苦叶》。《诗传》："以衣涉水为厉。揭，褰衣也。遭时制宜，如遇水，深则厉，浅则揭矣！"朱注："果哉，叹其果于忘世也。末，无也。圣人心同天地，视天下犹一家，中国犹一人，不能一日忘也。故闻荷蒉之言，而叹其果于忘世。且言，人之出处，若但如此，则亦无所难矣！"

② 朱注：接舆，楚人，佯狂辟世。已，止也。而，语气助

词。殆，危也。郑注："下，下堂出门也。"（皇本、正平本，章首"过孔子"下有"之门"二字。）

③　郑云："长沮，桀溺，隐者也。"朱注："耦，并耕也。时孔子自楚反乎蔡。津，济渡处。执舆，执辔在车也。盖本子路御而执辔，今下问津，故夫子代之也。知津，言数周流，自知津处。以，犹与也。言天下皆乱，将谁与变易之。而，汝也。辟人，谓孔子。辟世，桀溺自谓。耰，覆种也。怃然，犹怅然，惜其不喻己意也。言所当与同群者，斯人而已，岂可绝人逃世以为洁哉。天下若已平治，则我无用变易之；正为天下无道，故欲以道易之耳。"耰，音 yōu。怃，音 wǔ。

④　包曰："丈人，老人也。"《说文》："莜，耘田器。《论语》曰：以杖荷莜。"包曰："丈人云：不勤劳四体、不分植五谷，谁为夫子而索之耶？"包以"分植"训"分"，这个说法和《礼记·王制》"百亩之分"相同，就是种植、分种的意思。朱注："责其不事农业而从师远游也。植，立之也。芸，去草也。"芸，《汉石经》作"耘"。芸，原来的意思是香草，这里假"芸"为"耘"。"见其二子"的"见"音 jiàn。《左传·昭公二十年》："乃见鱄设诸焉。"疏："谓为之绍介。"现在我们说"引见"。

⑤　叔孙武叔，马曰："鲁大夫叔孙州仇。武，谥也。"语，音 yù，意思是把话告诉别人。宫墙，刘疏："室四周有墙，命寝庙皆居其中，墙南面有门以通出入。"大概就是现在我们说的"围墙"。仞，音 rèn，包曰："七尺曰仞。"

⑥　毁，毁谤也。朱注：无以为，犹言无用为此。日月，喻其至高。自绝，谓以谤毁自绝于孔子。多，与"祇"同，适也。不知量，谓不自知其分量。

⑦　为，伪也。《荀子·性恶》：人之性恶，其善者伪也。杨倞注："伪，为也。"是"作为"的意思。道，音义同"导"。绥，安也。

⑧　《先进》篇：德行："颜渊……言语：宰我、子贡……"《雍也》篇：[季康子]曰："赐也可使从政也与？"[子]曰："赐也达，于从政乎何有！"

⑨　《宪问》篇：子贡方人。子曰："赐也贤乎哉！夫我则不暇。"释文：方人，郑本作谤人，谓言人之过恶。

⑩　《公冶长》篇：子谓子贡曰："女与回也孰愈？"对曰："赐也何敢望回！回也闻一以知十，赐也闻一以知二。"女，音义同"汝"。愈，胜也。

八

颜渊喟然叹曰："仰之弥高，钻之弥坚，瞻之在前，忽焉在后。夫子循循然善诱人，博我以文，约我以礼，欲罢不能。既竭吾才，如有所立卓尔，虽欲从之，末由也已！"①（《子罕》）

颜渊长叹道："老师的道理是越仰慕越觉其崇高，越钻研越觉其坚实，看着是在前面，一下子却又在后面了。老师循循然诱人向善：他以书本上的知识广博我智，以礼约束我行。我真是想停止都不可能。我已经竭尽所能，而夫子的道依然卓立在我面前，我虽想跟从，却办不到！"

仪封人请见。曰："君子之至于斯也，吾未尝不得见也。"从者见之。出曰："二三子何患于丧乎？天下之无道也久矣，天将以夫子为木铎。"[②]（《八佾》）

仪邑的守疆界的人请求见孔子，说："凡到这里的君子，我没有不得见到的。"孔子的弟子就让他见了孔子。封人见过孔子后出来说："你们何必为文化要断绝而担忧？天下已经乱了很久了，上天要让你们老师做复兴文化的工作。"

善意的讽谏也罢，令人无可奈何的挖苦也罢，莫名其妙无聊的批评也罢，孔子还是孔子，他不会因为畏惧挑战、逃避现实，而放下自己该做的事，改变自己该走的路。孔子思想成熟，他知道自己该做什么、该怎么做！他不忧不惧——如果一个人为真理、为自己人生的目标而吃苦，甚至献出生命，他也是会甘之如饴的！十字架总得有人扛，责任总得有人负，事情总得有人做！"哪能尽如人意，但求无愧于心！"人的心志不同，众说纷纭、众口雌黄，就在所难免。如果外界的噪音，就能改变一个人的生活，那生活的态度真是太多变了。

生命是苦难的开始，有了生命就有了烦恼。逃避并不是办法，就像我们不能因为怕烦就结束生命——那是懦弱的行为！我们只有面对现实、克服困难，才能达到觉悟的彼岸！所以孔子对人生种种，一体拥抱，透过了实行来表达他对人、对天下的大爱。

我们可以见小溪潺潺的全貌，却很少有机会眼观江海波涛汹涌的全貌。短视的人批评孔子，但也只止于批评，孔子是不会因人的褒贬而有所改变的。不过，我们读读孔子最欣赏的颜渊对孔子的感受，也许会让我们对孔子有更深一层的认识。"仰之弥高，钻之弥坚！"听！多么启明发聩的叮咛！孔子提倡有教无类、提倡仁、提倡恕，世界上最大的经典也只配做他的注脚。"生命不是自己拥有，必也使别人同样享受生命的乐趣。"不是吗？

① 朱注："喟，叹声。仰弥高，不可及。钻弥坚，不可入。在前在后，恍惚不可为象。此颜渊深知夫子之道无穷尽、无方体，而叹之也。"循循然，善诱貌。

② 郑曰："仪，盖卫邑。封人，官名。""从者见之"，"见"音 xiàn，是引见的意思。丧，似乎应释为"天之将丧斯文"的"丧"。（见毛子水先生《论语今注今译》）

第二章

学——温故而知新

子曰:"吾尝终日不食、终夜不寝,以思,无益,不如学也。"

——《论语·卫灵公》

"半亩方塘一鉴开，天光云影共徘徊。问渠那得清如许？为有源头活水来。"这是《论语集注》的作者宋朝朱熹的《观书有感》二首之一。源源不绝的活水，使方塘清澈似镜，映照天光云影、佳趣天成。人活着之所以美好，就在于能够学习，学习使人日日新，而精进不已，止于至善。

孔子一生努力向学，并且也帮助努力向学的人，其实说"帮助"也并不全符合事实。孔子曾说："颜回，并不是有益于我的，他对我的话无不悦服。"【《先进》篇，子曰："回也，非助我者也，于吾言无所不说。"说，音义同"悦"。】《礼记·学记》里有"教学相长"的话，如果教者因学者的发问而深思，那么就是学者有益教者。颜回是孔子许为"好学"的弟子，但说来孔子对他也有不满之处。

我们觉得孔子一生最伟大的行径，就是首先开科授徒——普及教育，导民于善。我们知道，在古代受教育是贵族的专利，一般平民是没有机会接受教育的。由于平民没有机会受教育，民智未启，一般人的生活就如一泓死水，人生的境界永远无法提升，更不必说参与政治了。

由于外族入侵，周室东迁，天子的势力衰落，代之而起的是诸侯的势力。这就代表只要有力量，就可以在政治舞台上扮演角色。武力、智慧，都是力量，而学是提高智慧的唯一途径！

另一方面，孔子个人的思想相当开明，我们看他对仲弓说："耕牛所生的小牛，长得浑身火红又头角方正。这样的牛，人们也许因为它的出身而不用它当祭品，难道山川的神会因为它是耕牛之子而不歆飨吗？"①

孔子的时代，职位世袭的制度还很盛行，父死子继是当然之理，但孔子对这种制度深不以为然。

孔子说："其身正，不令而行；其身不正，虽令不从。"（《子路》）政治的好坏在乎人，所以为政要举贤才。圣主贤臣，政治自然清明，庸主奸臣，政治必定败坏，这是必然的。

孔子对仲弓说的话，用"犁牛"比平民，"骍且角"喻贤而多能者，呼吁虽然身为平民，但若本身贤能，就应该在政治方面得到机会、崭露头角，看来世袭禄位的制度是孔子所不满的。开启民智，开采智慧的矿，最可靠，也可以说唯一的途径，那就是学。

子曰："由也，女闻六言六蔽矣乎？"对曰："未也。""居，吾语女。好仁不好学，其蔽也愚；好知不好学，其蔽也荡；好信不好学，其蔽也贼；好直不好学，其蔽也绞；好勇不好学，其蔽也乱；好刚不好学，其蔽也狂。"②（《阳货》）

孔子说："由，你听说过六种美德六种流弊的说法吗？"子路回答说："没有。"孔子说："坐下！我告诉你。好仁义而不好学，便会流于愚蠢；好聪明而不好学，便会流于放荡；好信实而不好学，便会因拘于小信而害了自己；好直率而不好学，便会流于说话尖刻；好勇力而不好学，便会造成祸乱；好刚强而不好学，便会陷于狂妄。"

子曰："吾尝终日不食，终夜不寝，以思，无益，不如学也。"（《卫灵公》）

孔子说："我曾经整天不吃，整夜不睡来冥思苦想，却徒劳无功，这不如学有益处！"

孔子重视学，自然有他充分的理由。从事实方面可以发现：仁、知、信、直、勇、刚，都是美德，但好德不好学，就流于：愚、荡、贼、绞、乱、狂，真所谓南辕北辙，令人徒叹。

一个人之所以会对某问题持某种看法，一方面固然是受到外力（比如师长或书本）的影响，另一方面得之于个人体验者尤多。比如王贯英先生，他深深体会到了失学的痛苦、求学的重要，所以他以"废纸兴学"，用金钱、书籍帮助读书人。

我们都曾做梦，庄子却因梦而使他的哲学思想圆融：有一次庄子梦见自己化为一只蝴蝶，展着彩色的翅膀飞舞，真是只美丽的蝴蝶，称心快意啊！一下醒了，梦碎了，惊觉庄周还是庄周，是庄周梦为蝴蝶？还是蝴蝶梦为庄周？这个绮丽的梦，使庄子体验梦觉、死生的道理。

只要我们认真体验，会处处有诗情、有真理，不是吗！我们回过头来说孔子的体验：他曾不吃、不睡，却苦思不得，事实证明，学最有益！

子曰："性，相近也；习，相远也。"【性，指常人天生的资质。习，指后天的教育，受习惯、环境的感染。】（《阳货》）

孔子说："人本来的天性，是相近的；但由于后天教育和生活环境的不同，人和人之间就很不同了。"

子曰："唯上知与下愚，不移。"【朱注：或曰："此与上章当合为一，'子曰'二字，盖衍文耳。"这个说法颇合理。】（《阳货》）

孔子说："只有上知和下愚是不能改变的。"

子曰："中人（以上），可以语上也；中人以下，不可以语上也。"③（《雍也》）

孔子说："对待中等资质的人，可以诱导他成为上等人；那些中等资质以下的人，就不能诱导他向上。"

孔子认为人大体分上、中、下三等。上智和下愚只是人类中的极小部分，其余绝大多数人都是中人才质，为善、为恶，全看后天的教育和环境的影响了。基于这种观点，孔子才特别强调学的重要。

虽然孔子也承认教育和环境对上知和下愚并不发生影响，但上知和下愚在人类中所占比例极小；教育能提升绝大多数中等资质的人的人生境界，学习的价值就在于此。

比孔子晚差不多一百年的孟子和荀子对人性也有精辟的见解：孟子认为"人皆有不忍人之心"（《公孙丑上》）。什么是不忍人之心？当我们看见一个小娃娃爬到井边，快掉到井里去了，一种紧张和怜悯的心情，使我们立刻把他抱开。这只是人类同情心的自然而然的外在表现，我们这么做，当然不会是为了和小娃娃的父母拉交情，也不会是为了在地方上得好名声，更不会是害怕别人说我们见死不救！

孟子由这种体验得出：人性本善。孟子说："恻隐之心，人皆有之；羞恶之心，人皆有之；恭敬之心，人皆有之；是非之心，人皆有之。恻隐之心，仁也；羞恶之心，义也；恭敬之心，礼也；是非之心，智也。仁义礼智，非由外铄我也，我固有之也；弗思耳矣。故曰：求则得之，舍则失之。"（《告子上》）

孟子认为人性本善，仁义礼智等美德，乃人类固有，不待外求。但是，人性既本善，为什么还有坏人？孟子以为那是人不"思"，以致放失其心，做坏事、为恶行。解救之道是："学"！他说："学问之道无他，求其放心而已矣。"（《告子上》）人性本善，人只要觅得放失的善心，发挥人性，就是学问之道。

荀子以为"性"是天生自然的（见《性恶》篇），"善"既然和"性"有"离"的事实（所以世上有坏人），那么孟子的性善说就站不住脚了（见《性恶》篇）。荀子主张性恶，但性善、性恶也只是字面上看着相反，两说在哲学内容上并不全然相反。我们以为要了解哲学的内容，必先弄清楚哲学家所用的名词的含义——比如儒家和老庄提出的"圣人"，境界完全不相同。

在中国古代的哲学家中，荀子是比较实际、很少对形而上感兴趣的一位。荀子认为性是"生之所以然"，"不事而自然"的、是天生自然的。

荀子又说："凡古今天下之所谓善者，正理平治也；所谓恶者，偏险悖乱也。是善恶之分也已。"（《性恶》）"礼义之谓治，非礼义之谓乱也。"（《不苟》）

"正理平治"是善，"偏险悖乱"是恶，治乱是善恶的标准。"礼义"是治是善，"非礼义"是乱是恶。荀子用和现实生活发生关联的治乱、礼义、非礼义来界定善恶。举例说：人性都好利，如果顺性而为，那么必生争夺。我们看社会上频传的经济犯罪和盗窃、抢掠案！人性好忌妒，如果任性，那什么害人勾当做不出来！人都贪口腹之欲，又好声色，若任性而为，那人和禽兽有什么不同!

我们透过《荀子·性恶》所举的例子看,他所说的"性",实际就是"欲",饿了要吃、困了要睡、累了要休息,是人自然的欲念,凡人都一样。所以荀子说:"故圣人之所以同于众,其不异于众者,性也……凡人之性者,尧舜之与桀跖,其性一也;君子之于小人,其性一也。"(《性恶》)

欲念本身本无所谓善、恶,但如果顺性而为:饿了就顺手拿面包店的面包!他那么多钱,我也需要钱,把他的钱弄点来花花!好了,偷、抢的事件就发生了,社会就乱了。顺性的结果是乱,结果为恶,所以归因于恶——性恶论就成立了。

性既为恶,而人性都一样,那么社会上的好人从哪里来的?学!"人之性恶,其善者伪也。"(《性恶》)这"伪"字要特别仔细去体会!伪不是伪装,不是伪君子,"伪"是人为,性是天生自然。伪是后天人为,是发挥人为力量而促成的,那人为的力量,自然就是学。由于荀子对人性深刻的认识,所以他特别重师、劝学(《荀子》第一篇就是《劝学》)!

由于哲学名词内涵的不同,荀、孟对人性的看法虽不同但并非完全相反,但不管是主性善的孟子还是主性恶的荀子,都有一种看法:人生是光明的!只要学(不管是找回放失的善心,还是约束自然的欲念。)人人都可以成为好人、圣人!(《荀子·性恶》:"涂之人,可以为禹!"《孟子·滕文公上》中引颜渊的话:"舜何人也!予何人也!有为者亦若是!")

孔子虽然没有论及性之为善为恶的问题，但是"中人可以语上"的认知，使他对人生、对教育产生了无比的信心！人只要学，就一定能好，"人人可以为尧舜"！除非妄自菲薄、自暴自弃。看来，要提高人类的质量、改善世界的紊乱，教育是最可行的良方。孔子在两千五百年前就已经悟出这个道理，而且教学不息，大哉！孔子！

孔子曰："生而知之者，上也；学而知之者，次也；困而学之，又其次也；困而不学，民，斯为下矣！"【朱注：困，谓有所不通。言人之气质不同，大约有此四等。】(《季氏》)

孔子说："生下来就知道的，是上等人；学了而后知道的，是次等人；遇了难题知道自己不行而后学的，是又次一等人；遇了难题仍不学习以求解决的，这种人，是最下等的了！"

子曰："我非生而知之者，好古，敏以求之者也。"【好，音hào，喜好也。刘疏：敏，勉也，言黾勉以求之也。】(《述而》)

孔子说："我并不是生下来就什么都知道的，我只是喜好古代圣贤留下来的知识、努力学来的。"

说来真泄气！有人天生聪慧，智商一百四十以上，一目十行，过目不忘；有人却资质平平，黾勉以求，才得稍进。看来人天生就是不平等的！

"人一能之己百之，人十能之己千之。果能此道矣，虽愚必明。"（《中庸》）人天生的资质也许不平等，但这种不平等并不是不可改变的，只要我们有决心、信心、恒心，天才可以一目十行，我们可以一行十目，下别人十倍、百倍的功夫。天才可以过目不忘，我们也可以过目不忘！

事实上"生而知之"的"上知"很少，孔夫子自己都承认他是努力学，才得到知识的！天才虽然可以一目十行，可是他还是得下功夫，当然他可以用较少的精力得到较好的成绩，但功夫还是要下的。

"成功是一分的天才，九十九分的努力！"连爱迪生那样头脑的人都有这种认知，我们怎能不重视学习、不努力用功！"或生而知之，或学而知之，或困而知之，及其知之，一也。"《中庸》学说可以将天生资质的不平等扯平，除非我们妄自菲薄，甘为下民，困而不学！

子曰："学如不及，犹恐失之！"（《泰伯》）

孔子说："黾勉向学，要好像来不及似的，就是这样，还怕有所遗漏！"

子曰："语之而不惰者，其回也与！"【朱注引范氏曰："颜子闻夫子之言，而心解力行，造次颠沛未尝违之。如万物得时雨之润，发荣滋长，何有于惰，此群弟子所不及也。"】(《子罕》)

孔子说："告诉他道理而听不倦的，恐怕只有颜回吧！"

子曰："譬如为山，未成一篑，止，吾止也！譬如平地，虽覆一篑，进，吾往也！"④(《子罕》)

孔子说："（进德修业）好比那堆土造山，只差一笼土这预期的山就造成了，可是这造山的人却止住了，那我也只好说他是到此为止（算不得成功）！譬如在平地上堆山，虽然才刚倒下第一笼土，但是这个造山的人立定志向、勇猛精进，那我要说他必日日进步、终会成功！"

苏东坡有两句诗："作诗火急追亡逋，清景一失后难摹。"(《腊日游孤山访惠勤惠思二僧》)逋是逃窜的意思，亡逋是指逃犯。作诗靠灵感，而灵感的火光一闪即逝，失就不可再得，所以怎么样捕捉灵感是一个大问题。东坡以追逃犯做比喻：追逃犯是一刻也不容迟缓的，一旦犯人没入人群，再要捕捉，就是大海捞针了。

孔子说到学习的态度，要积极，要"如不及"，《礼记·问丧》："望望然，汲汲然，如有追而弗及也。"我们平常可以看到周围的某些人钻名营利，那种汲汲营营，那种"未得之也，患得之；既得之，患失之"（《阳货》）——没得到时怕得不到，到了手又怕失去，那种"鄙夫"行径，自然可笑。可是，如果我们把孜孜为利的精神，移转于"孜孜为善"（《孟子·尽心》），那么我们已经把握了学习的正确态度。

人，活到老学到老。时间是以生命为准的——死而后已，层面是道在蝼蚁、道在屎溺。⑤道理是无所不在的，以我们有限的生命去追求那广阔无垠的知识瀚海，我们只恨生命不长久。

久旱初雨的情景，见过吗？那临空而下的甘露，都让土地快乐地啜吸了——每一滴！进德修业必得有学习的热情，积极的态度，支撑这种热切的，是永不懈怠！

我们平常说"好的开始是成功的一半"，但是"靡不有初，鲜克有终！"（《诗经·大雅·荡》）三分钟热度是常人的毛病，即便是有了好的开始，但好的开始并不等于成功，成功仍然需要努力、不懈怠地努力才能获得。我们常说天下没有什么是可以不劳而获的，不是吗？我们常见到别人成功了，但我们见不到成功背后的努力！我们艳羡成功运动员一跃而起，接受众人欢呼的神气，却很难体会这一跃得经过多少苦练。

当然，好的开始虽然不等于成功，但没有开始永远没有成功。只要我们开始，我们就有成功的希望！而开始没有早晚的分别，只有开始或者不开始。

也许我们以前曾旷废时日，荒怠学业，也许我们以前曾饱食终日，无所用心，没关系！"从前种种譬如昨日死，以后种种譬如今日生。"从今天，不！从现在开始，只要我们有决心、信心、恒心，再下苦心，天下哪有不可成的事！怕就怕虎头蛇尾，"功亏一篑"，就像那有题目却没结尾的作文，永远算不得是篇文章。

子曰："不曰'如之何【怎么办】，如之何'者，吾末'如之何'也已矣！"（《卫灵公》）

孔子说："一个不常说'怎么办，怎么办'的人，我对他也不知道'怎么办'了！"

子曰："不愤，不启；不悱，不发。举一隅而示之，不以三隅反，则不复也。"⑥（《述而》）

孔子说："一个人不到了因自己所知不足而愤懑，我是不会去开导他的；一个人没到了为求知而怅恨，我是不会去启发他的。我告诉他一种道理，他不能举一反三，那我就不再教他了。"

子曰："见贤思齐焉，见不贤而内自省也。"【朱注：思齐者，冀己亦有是善。内自省者，恐己亦有是恶。】（《里仁》）

69

孔子说："见到贤人，[便用心学他] 希望和他齐头并进；见到不好的人，便自我反省 [是不是有和他一样的毛病]。"

子曰："三人行，必有我师焉。择其善者而从之，其不善者而改之。"⑦（《述而》）

孔子说："几个人走在路上，其中就有我的老师。他们认为好的事，我就做；他们认为不好的事，我就改。"

曾子曰："吾日三省吾身：为人谋而不忠乎？与朋友交而不信乎？传，不习乎？"【《史记·仲尼弟子列传》："曾参，南武城人，字子舆，少孔子四十六岁。"省，反省、自省。】（《学而》）

曾子说："我每天以三件事反省我自己：我替人计议事情尽心了吗？和朋友交往诚信吗？传授学业，自己对学业很熟吗？"

所谓师父领进门，修行在个人。一个人做任何事，特别是学习，必须有很强的自觉心。一个人遇到问题，不自问也不问人"怎么办"，圣人也拿他没办法。求学就好比游泳，我们必须入水，才能游泳。同样的，做学问，必须钻进问题里面，面对问题，接受问题的挑战，问题才有解决的可能。

王国维先生在《人间词话》里说："古今之成大事业、大学问者，必经过三种之境界：'昨夜西风凋碧树，独上高楼，望尽天涯路'此第一境也；'衣带渐宽终不悔，为伊消得人憔悴'此第二境也；'众里寻他千百度，蓦然回首，那人却在灯火阑珊处'此第三境也。"王国维先生以词来譬喻成大事业、大学业的三种境界，独出心裁，虽然所表达和原词意思或有出入，也无大碍吧！

这第一境是：繁华落尽，独立高楼，天涯茫茫。我们想那该是孤独、茫然，不知何所之、何所往的人生况味！

那第二境是：黾勉从事，衣带渐宽，为伊消瘦。那是在找到了奋斗的目标后，一往直前，义无反顾的狂热！

第三境是：寻寻觅觅，蓦然惊觉，发现了！必须忍受孤独、煎熬，我们才能发现，发现所探求的问题的答案。

物理上有一个很重要的原理——阿基米德原理。由于这个原理是阿基米德发明的，所以以他的名字命名。这是一个有关液体浮力的定律，阿基米德在发现这个定律之前，百思不得。有一次他放了太多的洗澡水，人一进澡盆，水就溢了出来，他恍然大悟，跳出了澡盆，大喊着："发现了！发现了！"那一份狂喜，真不可言喻。

自省——不断地自我反省，是一个人在学习过程中，能够不断进步的重要因素。事实上，如果我们能自觉、自省，周围的事事物物，都能够帮助我们学习。油滑的柏油路面上，有一条小裂缝，一棵小草从那细小的裂缝里冒出来，那么细的身子，挺立着，随风款摆，活得又精神又快乐。人秉受生命就该精神、快乐地活，不是吗？

在孔子看来，各色人等，不管贤、不贤，全都有助于他，子贡说："我的老师到处都可学，却没有一定的老师。"【《子张》篇：卫公孙朝问于子贡曰："仲尼焉学？"子贡曰："文武之道，未坠于地，在人！贤者识其大者，不贤者识其小者，莫不有文武之道焉。夫子焉不学！而亦何常师之有！"】看来子贡是很了解他的老师的。

"蛛丝闪夕霁，随处有诗情。"午后一阵雨，停了，迎着夕照，蜘蛛丝上的小水滴像一颗颗碎钻，闪着斑斓的光束。对了，古代西方有这样一个故事：英国苏格兰王被英格兰王打败了，一败涂地，无路可走。他躲在个茅屋里，心想：这下完了！这时，他看见一只蜘蛛在结网，每次失败后又会重新再结，他很感动，立刻集合残部，继续奋勇作战，终于赶走了英格兰人，收复失地。看来周围的一切事物，的确经常临照我们，使我们清醒。

子曰："由，诲女【"女"，读作"汝"，现在我们说"你"。】知之乎？知之为知之，不知为不知，是知也。"（《为政》）

孔子说："由，我教你的你都能知道吗？你知道的就说知道，不知道的就说不知道，这就是真正的知道。"

子曰："盖有不知而作之者，我无是也。多闻，择其善者而从之，多见而识之，知之次也。"⑧（《述而》）

孔子说："世上似乎有一种人，自己明明没什么知识，却偏偏装作很有知识似的。我没这个毛病。一个人多听，多看而牢记在心里，那也就接近'知'了！"

希腊神庙发出了神谶（神的预言）说：苏格拉底是全希腊最聪明的人。苏格拉底知道后，觉得很莫名其妙：我并不聪明呀！可是神是不会骗人的！这其中一定有它的道理。

苏格拉底于是去找政治家、大商人等那些他以为最聪明的人谈话，结果他发现了神说他是最聪明的人的理由：全希腊只有苏格拉底以为自己不聪明，所以神赞许他最聪明！

人常常强不知以为知，我们要学习的是：知不足——知道什么是我们所不知道的。

考试前的总复习，老师问：有问题吗？同学们有的瞄一眼书，有的快速地翻一遍书……问题？问题在哪儿？在考卷上！演算一道数学，一张张草稿纸被揉烂了，真烦死人了！解不出来，是够烦的，可是比那不知从何下手的（一部十七史，从何说起），要强多了。

若是以王国维先生所谓的学习境界来说：烦，不知从何下手，是第一境；茫无头绪，烦，解不了题，是第二境；柳暗花明就在眼前，是第三境！现在我们能够懂得为什么愈有学问的人愈谦虚了。问学的结果是：它使我们知道，我们不知道的事情到底有多少！

一个人知道他不懂的事情尚多，自然就不会自骄自矜。所以古人说："知不足，然后足。"孔子能免除强不知以为知的毛病，但平常人却常犯这个毛病。因为人都有虚荣心，怎样破除这种虚荣的念头，正是我们要学习的！孔子要告诉子路的，也正是这一点。

子曰："学而不思则罔，思而不学则殆。"【《礼记·少仪》：衣服在躬而不知其名为罔。郑注：罔，犹罔罔，无知貌。王引之《经义述闻》：何休襄四年《公羊传》注："殆，疑也。"】(《为政》)

孔子说："勤求学问而不用心思索，那还是茫茫然无所知的；只是挖空心思去想，却不勤求学问，还是会疑难丛生得不到确实的知识。"

子曰："赐也，女以予为多学【多学，就是多闻、多见。】而识【zhì，记也。】之者与？"对曰："然，非与？"曰："非也！予一以贯之。"(《卫灵公》)

孔子说："赐呀！你以为我只是多闻多见，并且把所见所闻的

74

都默记在心里吗？"子贡回答说："我是这么想的，难道不是吗？"孔子说："我做学问，并不是只靠博闻强识，而是总用一个中心事物来统摄所见所闻。"

《论语·里仁》："参乎，吾道一以贯之。"也有"一以贯之"的话，但《里仁》篇的"一以贯之"和这里所引《卫灵公》篇的并不同。《里仁》篇的"一以贯之"，是孔子说他的道理用一个中心思想就可以贯穿，这个中心思想就是曾子所谓的"忠恕"，是孔子所有思想的核心，是永不变更的。

这里的"予一以贯之"，是孔子在讲他平日做学问的方法，这个"一"，是他求知识时最注意的事情。博闻强识的结果，脑海中可能是一团驳杂，但若心中有主旨，知道自己最应注意的事是什么，并使之贯穿始终，这种毛病就能避免。心中最注意的事物，此时也许是"为仁"，他时也许是"孝悌"，是因时而变的。孔子答子贡以"非也"，当不是"非"多学的，而只是"非"一个人博闻强识之余，不能贯通所见所闻——学而不思，所得只是些片段的记忆。

如果我们能用心思把所学条贯、理论，那么"多闻多见而识之"自然是最有益的事情。"学而不思"，"学"等于"多闻多见而识之"，"思"等于"一以贯之"，这个"思"，是学的一部分，是学习过程中的一个重要方法。比如我们学英文，背生字、背动词变化，甚至背文法，如果只用头脑去背，而不用头脑去整理、贯通这些强背的东西，比如利用所知的生字、文法造句，以活用这些死知识，那么脑子虽然塞得满满的，却依然茫然无知，依然抓不住学英文的窍门，当然会背得很苦却成效不佳。

"思而不学"和"学而不思"，这两句话中的"思"字并不同。"学而不思"的"思"是学的一种方法，包括在学的范围内；"思而不学"的"思"是和学相对的，并不包括在学的范围内。

我们常常看到有的同学，整天想当科学家、发明家，他们自命是天才，觉得上课对他们来说是浪费生命，整天空想，好高骛远，眼高手低，结果一事无成，空自蹉跎。所以孔子说"终日不食、终夜不寝，以思、无益，不如学也！"（《卫灵公》）

当然，我们现在所接受的知识，大半是古人智慧的结晶，这差不多都是由"思"创造出来的，凭空思索以创造发明，自然比多学多思以撷取前人成果难得多，孔子也说他"好古，敏以求之者也"（《述而》）。当然，我们可能要说：爱迪生所受的学校教育很少，他却成了伟大的发明家，但是不要忘了，他的母亲从旁教了他一些最基本的知识，以此为基础，他才更上层楼的。我们也常听人说某人无师自通，但无师并不是不学，学习是达通的必经之路。

爱迪生可以称得是"上知"了，基础知识在他后来的发明过程中仍发挥了力量。作为一个中人（在这个世界上"上知"到底不多吧！），如果不学习只终日空想，结果必然徒劳无功！"生而知之"的"上知"，自可以"思索生智"（《管子·内业》）。

孔子认为自己不是生而知之者，所以他黾勉向学，这是自觉，所以他提出来告诉他的学生。也许是由于人类过分自尊的关系——从某一方面说：人类自尊到自封为"万物之灵"！

人常犯一种毛病：漠视旁人！由于这种毛病作祟，许多人宁愿空想也不肯学习。我们要说：即便是天才，如果能多闻多见，把前人的道理都学了，并能以此为基础，别出新意、自出机杼，那么功夫就不致白费，而所见所闻越博、知识越广，思考的能力也就越强。想来，天才也得要学习吧！忽然想起杜甫的诗：不薄今人爱古人，转益多师是汝师！好个"转益"！

子曰："温故而知新，可以为师矣。"（《为政》）

孔子说："温习已经学过的东西，并求知道新的知识，也就可以为人师了。"

这是孔子告诉弟子学习的方法，这是很实在可行的方法。我们到沙滩上去，两手捧着满满的细沙，不一会儿工夫，沙子就从指缝溜下去了，一颗也没剩！如果我们在学习的过程中，随学随忘，或者学过了就算了，那充其量不过是知识的中转站或是存陈货的老仓库。

"温故"一方面可以"无忘其所能"，另一方面，也可能得到新的意念、新的发现。塘水之所以清澈，是由于有源源不绝的活水，人必须不断接受新知，才不致陈腐。接受新知使人"知其所亡"，【《子张》篇：子夏曰："日知其所亡，月无忘其所能，可谓好学也已矣。"皇疏："亡，无也。""月无忘其所能"的"无"，音义同"勿"，禁止，我们说"不要"。】人生的境界就会日日新，并止于至善。"温故"必须以"知新"为继，否则就如不断反刍而不上新料，成长是极有限的；"知新"必须以"温故"留存，否则随取随丢，无所进益。

子曰："有教无类。"（《卫灵公》）

孔子说："老师施教，求教者无论是来自贫或富，还是贵或贱的家庭，都要一体施教。"

孔子体认到学的重要，所以才发出这种宏愿。孔子这话可能还包含另一层意思：只要施教，那么人就都能变好，都能自立，而不再有贤愚善恶的区别。这是孔子对人、对教育强烈的信心——不管人的生活面是光明还是黑暗，前途都是光明的，而教育是光明之钮。

孔子最恨"一群人整天在一起，没有半句正经话，好卖弄小聪明。"【《卫灵公》篇：子曰："群居终日，言不及义，好行小慧，难矣哉！"郑注：小慧，谓小小之才知。难矣哉，言无所成。】还有"整天吃饱饭，半点心思也不用。"【《阳货》篇：子曰："饱食终日，无所用心，难矣哉！不有博弈者乎？为之，犹贤乎已！"博，《说文》作"簙"，是古代一种戏术，今不得其详。弈，是围棋的专名。】孔子对这种人恨极了，说他们"难矣哉"！当然，这种人不会有半点成就。

子曰："自行束脩以上，吾未尝无诲焉。"【脩，干肉。古人以十脡为一束，束脩，是十脡干肉。（五条干肉做一束，每条于中间受束处屈为两脡，脡音 tǐng。）古人行相见礼的时候，束脩是一种很普通的礼物。（见毛子水先生《论语今注今译》)】(《述而》)

孔子说："凡是拿了薄礼来求教的，我没有不教他的。"

互乡难与言。童子见，门人惑。子曰："与其进也，不与其退也。唯，何甚！人洁己以进，与其洁也，不保其往也。"【郑注：互乡，乡名也。朱注：疑此章有错简。"人洁"至"往也"十四字，当在"与其进也"之前。译文从朱注。】(《述而》)

互乡人是出了名的难说话。孔子接见了一个从互乡来的少年，弟子觉得很不解。孔子说："一个人自己有心学好他才会来，我们只是赞许他要学好的心，至于他过去怎么样我们不必管，我们要帮助他上进，不该让他自甘堕落！"

当我们有能力帮助别人时，我们绝不能袖手旁观。要知道"莫以善小而不为"！当我们看见一个小朋友在雨中踽踽独行，雨水湿透了他的衣裳，我们可以用伞为他遮一遮，送他一程，甚至送他到家，这在我们不算什么，但这一遮却替小朋友遮住了漫天风雨，使他感到人的可亲，也许一颗小小的爱苗就这么播了下去。老师是与人为善的，孔子恨那些无所用心的家伙，可是一个人只要想求上进，孔子是会既往不咎的，这也是他在实践"有教无类"的实际行动吧！

子曰："予欲无言。"子贡曰："子如不言，则小子何述焉？"子曰："天何言哉！四时行焉，百物生焉。天何言哉？"【《说文》：述，循也。刘疏："夫子本以身教，恐弟子徒以言求之，故欲无言以发弟子之悟也。"】(《阳货》)

孔子说："我想不说话了！"子贡说："老师如果不说话，那我们遵循什么？"孔子说："天何曾说了什么！但四时运行，万物化生。天何曾说了什么？"

我们常听人说：言教不如身教。孔子的话，虽然可能是偶有所感而发，但亦可见出孔子重视身教的意思。

陈亢背后向伯鱼打听："子亦有异闻乎？"伯鱼的回答让他了解了：《诗》、《礼》的重要，更让他了解到：夫子的无私。这种人格感召的力量，应该比什么言语训诲都来得有力量。

孔子自己也对弟子说："我对你们什么也不隐瞒！"【《述而》篇：子曰："二三子以我为隐乎？吾无隐乎尔！吾无行而不与二三子者，是丘也。"这章的意思，我们不十分明白，不过，孔子表明他无所隐瞒，这个意思，我们还可以看出的。】这种坦荡荡的作风，自然叫人肃然起敬。

司马光说他生平"事无不可对人言"，这种君子作风，怎能不令人敬服，而生风行草偃之效。《易经》上说："天行健，君子以自强不息。"如果我们能从自然永不休止的运行中体悟自强不息的意义，那就是自然给我们最宝贵的"身教"。

哀公问："弟子孰为好学？"孔子对曰："有颜回者好学，不迁怒，不贰过。不幸短命死矣！今也则未闻好学者也。"⑨（《雍也》）

哀公问："你的弟子中谁最好学？"孔子回答说："有个叫颜回的最好学，他从不把气出在别人身上，同样的过失，他绝不会犯第二次。可惜他短命死了！现在就没有听见有这样好学的了。"

子曰："君子食无求饱，居无求安，敏于事而慎于言，就有道而正焉，可谓好学也已矣。"⑩（《学而》）

孔子说："君子能不以饱食、安居为人生目标，应该努力做该做的事并言语谨慎，多向有道德的人请教，这样，就可以说是好学了。"

子曰："贤哉回也！一箪【dān，竹器，可以用来盛饭。】食【sì，义同"饭"。】，一瓢【瓢，义同"瓠"，可以用来盛水。】饮，在陋巷，人不堪其忧，回也不改其乐。贤哉回也！"（《雍也》）

孔子说："真贤呀颜回！一碗饭，一碗水，住在简陋的小屋里，这种生活，别人一定忧虑受不了，而颜回却能自得其乐。真贤呀颜回！"

子夏曰："贤贤易色，事父母能竭其力，事君能致其身，与朋友交，言而有信。虽曰'未学'，吾必谓之'学矣'！"[11]（《学而》）

子夏说："一个人能够好德如好色，侍奉父母能竭尽心力，对国君能奉身尽职，和朋友交往能诚信不欺。这样的人，虽没有读过什么书，我一定说他已经有学问了。"

孔子赞美颜回，赞许他"好学"，是因为他安贫乐道、不迁怒、不贰过的德行修养。孔子以为君子应当有正确的人生目标，在言行方面要努力修为，并且亲近圣贤君子多方请教，这才是好学。子夏传述孔子的思想，以为学乃是尽力于德行修养。

显然孔门中的学，是以德行的培养、训练为主的。今天我们的教育目标虽在德、智、体、群四育并重，但实际上偏重于知识的传授。孔子难道只重视道德的培养而全不讲求书本的知识吗？

子曰："弟子，入则孝，出则弟，谨而信，泛爱众，而亲仁。行有余力，则以学文。"[12]（《学而》）

孔子说："作为一个学生，在家应该孝顺父母，在外要尊敬兄长，一切言行都应该谨慎诚信；爱所有的人并特别亲近仁者。在实践这些德行之外，还有余力的话，再用功于书本。"

子以四教：文、行、忠、信。（《述而》）

孔子以这四件事教学生：古代传下来的典籍、德行、忠恕、诚信。

这"行有余力"四字最要留意。孔子的意思，并不是说一个人在孝、悌、谨、信、爱众、亲仁等德行都做到了后，再用余力去追求书上的知识。若果真如此，我们将永无余力来学文，因为孝悌谨信等德行都须终身奉行，更没有说做得够好的道理，因为好了还有更好。更何况躬行、学文，两不相妨，修习先后，难以执一。至于"余力"二字，不可以辞害意。我们看孔子所谓的"好学"，都是从德行的修养上讲的，所以我们可以说孔子话里的"余力"，只是表示行比文重要。

"子以四教"的"文"当是"则以学文"的"文"，"行"当是"行有余力"的"行"。忠信，似是"行"所当实行的。所以，严格说起来，孔子恐怕只以文和行教诲弟子。当然，孔子的弟子练习御——驾车、射——射猎，自不在话下，因为射、御是当时人人都得会的，这可能好比开发时期的美国人差不多都会骑马、赶车和放枪吧！

"子以四教"章，恐不是资质高明的弟子所记的，后人把文、行、忠、信附会为"四科"，更是牵强。好了，现在我们知道：孔子开课，主要从人格培养、德行讲求上着手，期能教诲出品德良好的弟子。

另一方面，孔子也用古代流传下来的典籍来讲课。孔子用什么课本呢？在《论语》里没有提到过《春秋》，孔子喜欢唱歌，在音乐方面很在行，有关音乐的理论也说得头头是道[13]，所以孔子必重视乐；礼是孔子所最重视的，不过我们想，孔子和弟子讲、习礼，当然慢慢地会衍成许多规范，但笔之于书，当是后来的事儿。

《论语》里只有一处提到《易》：

子曰："加我数年，五十以学《易》，可以无大过矣！"（《述而》）

孔子这话，文理颇不顺。龚元玠《十三经客难》："先儒句读未明，当'五'一读，'十'一读，言或五或十：以所加年言。"《释文》："学易，如字。鲁读'易'为'亦'，今从古。"现在所有《论语》的版本都作"五十以学易"，但是从《鲁论》作"亦"，"亦"字连下读，这话文理才顺。

总之，《论语》里唯一提到"易"的一处，还有许多疑难问题存在。所以如果我们硬说孔子"晚而喜易"（见《孔子世家》），甚或讲《易》或整理《易》，是未免大胆了些。

《书经》是古代公文的集合本（好比每年青年节等特别日子，有政府文告），从其中可以知古鉴今，懂得政治的道理，孔子取以为教科本，是很自然的。《论语》里孔子也引《书》——《论语》里只称《诗》、《书》，《诗经》、《书经》的名是较晚才有的——以为说，【《为政》篇：或谓孔子曰："子奚不为政？"子曰："《书》云：'孝乎唯孝，友于兄弟。'施于有政，是亦为政！奚其为为政？"】孔子的学生也以《书》中的话，来向孔子发问，【《宪问》篇：子张曰："《书》云，'高宗谅阴，三年不言。'何谓也？"子曰："何必高宗？古之人皆然！君薨，百官总己以听于冢宰，三年。"】而"孔子在诵《诗》读《书》时，不用方言；赞《礼》的时候，亦都不用俗音。"【《述而》篇："子所雅言，《诗》、《书》、

执《礼》，皆雅言也。"雅，正也。】

孔子对《诗》特别重视，我们从伯鱼回答陈亢的话（见《季氏》篇）中，也可以深深体会到这一点。由于孔子特别重视《诗》，所以有关《诗》的谈话记载也特别多：

子谓伯鱼曰："女为周南、召南矣乎？人而不为周南、召南，其犹正墙面而立也与！"【朱注："为，犹学也。正墙面而立，言即其至近之地，而一物无所见，一步不可行。""人而不为"的"而"意同"如"。】（《阳货》）

孔子对伯鱼说："你学过《周南》、《召南》了吗？一个人如果不学《周南》、《召南》，那就像向着墙壁站着，什么也看不见，一步也走不通。"

子曰："小子【包曰："小子，门人也。"】，何莫学夫《诗》？诗，可以兴，可以观，可以群，可以怨。迩之事父，远之事君，多识于鸟兽草木之名。"（《阳货》）

孔子说："小子们，为什么不学《诗》？《诗》，可以感发志意，可以观察盛衰，可以学得和人相处的道理，可以学得疾恶刺邪的态度。近可以学着服侍父母，远可以学着服侍君上，还可以认识许多鸟兽草木的名字。"

子曰："《诗》三百，一言以蔽之，曰：'思无邪'！"⑭（《为政》）

孔子说："《诗经》三百篇，一句话可以概括，那就是'思无邪'！"

子曰："诵《诗》三百，授之以政，不达；使于四方，不能专对；虽多，亦奚以为！"【朱注：专，独也。】（《子路》）

孔子说："念了《诗经》，把政事交给他，做不通；派他到外国办事，不能单独应对。学得虽多，又有什么用处！"

子曰："《关雎》【《诗经》的首篇】，乐而不淫【淫，太过】，哀而不伤。"（《八佾》）

孔子说："《关雎》的乐章，使人快乐却不至太过疯狂，使人悲哀却不至伤神。"

《周南》是《诗经》上从《关雎》到《麟趾》等十一篇诗，《召南》是《鹊巢》到《驺虞》等十四篇诗，孔子称"二南"，也许指十五国风，当然更可能指整部《诗经》。从孔子的谈话，我们可以体会出他的重视诗教。

我们现在读《诗经》，经常把它作为文学作品来品味，学者们则把它当语言学、社会学、甚至政治学的材料来处理。在孔子眼中《诗》却另具功能:《诗》，是伦理、政治、语言教科书，甚至是动植物学的教科书。关于孔子"诵诗三百，授之以政"的话，我们必须特别说说。

孔子重视诗三百，除了是站在伦理教育的观点上外，更重要的是从政治人才的培养方面着眼。我们说过:孔子反对职位世袭的制度，培养政治人才自是孔子所希望的，何况实现天下太平的理想，也需要大批政治高手来推动，而《诗》教有助于政治人才的培养。

我们现在说话，用个成语，引经据典，是很普遍的现象，而古代读书人则喜欢引《诗》或《书》——特别是《诗》，以助长语势或完足语意，这种现象，影响到了政治场合、外交应对，而且蔚然成风。

我们知道:所谓外交辞令，自然以语意暧昧、模棱、不足为外人道为上，在这种情形下，赋《诗》以喻义、甚至断章取义亦所常见，我们看《左传》上所载许多盟会（当时的国际会议）时，各盟主间的谈话，真个是哑巴吃汤团——心里有数！而旁人则真一头雾水。所以孔子要说:"不学《诗》，无以言!"

对方赋《诗》喻义，若连对方的心意都摸不透，如何作答，应对？还能开口说话吗？不学《诗》，真个是有口难言了。所以孔子要说："读了许多诗，出使国外，却不能单独应对；多，又有什么用！"

我们看孔门弟子们自己的统计表，德行：颜渊、闵子骞、冉伯牛、仲弓。言语：宰我、子贡。政事：冉有、季路。文学：子游、子夏。(《先进》)言语和德行、政事、文学并列，可见孔门中对言语的重视，而不管德行、言语、政事、文学，哪一方面人才的训练，《诗》都能发挥作用。另一点，我们要了解的是：《诗经》原来都是可以唱或可以演奏的，而我们现在看到的《诗经》，只是词，就像现在歌曲的歌词，至于乐谱已经失散不传了。

孔子"《关雎》，乐而不淫"及"雅颂各得其所"(《子罕》)的谈话，恐怕都是就《诗经》乐的方面而发言的。说到这里，我们可以了解孔子一再告诫他的儿子学《诗》的道理了，而从孔子的叮咛中，我们更可见出孔子重视诗三百了。

> 子路问："闻斯行诸？"子曰："有父兄在，如之何其闻斯行之！"冉有问："闻斯行诸？"子曰："闻斯行之！"公西华曰："由也问'闻斯行诸'，子曰'有父兄在'；求也问'闻斯行诸'，子曰'闻斯行之'。赤也惑！敢问。"子曰："求也退，故进之；由也兼人，故退之。"【朱注：兼人，谓胜人也。】(《先进》)

> 子路问："一个人听到一件应当做的事儿是不是要立刻去

做？"孔子说："有父亲兄长在，怎么可以听到就做呢！"冉有问："一个人听到一件应当做的事是不是要立刻去做？"孔子说："听到就立刻做！"公西华说："仲由问'是不是听到就做'，老师说'有父兄在'；冉求问'是不是听到就做'，老师说'听到就做'。弟子实在不明白，想请教老师。"孔子说："冉求生性畏缩，所以要推推他；仲由勇气过人，所以我要压压他。"

在孔门的弟子中，子路是个性最鲜明的一位。在《论语·阳货》里载有子路发"君子尚勇乎？"（君子以勇为贵吗？）的问题，在这里很能看出子路的心态，难怪孔子也不得不叹："由也，好勇过我。"（《公冶长》）子路果决【《雍也》篇：季康子问："仲由可使从政也与？"子曰："由也果，于从政乎何有！"】，要做便做，想说就说。有一次子路问孔子："卫国国君等老师去替他办政事，老师打算先做什么？"孔子说："那我一定先纠正一切不当的名！"子路说："老师怎么迂阔到这个地步！这有什么好纠正的！"【《子路》篇：子路曰："卫君待子而为政，子将奚先？"子曰："必也正名乎！"子路曰："有是哉，子之迂也！奚其正？"正名，马曰：正百事之名。】

根据《史记·仲尼弟子列传》的记载，子路只比孔子小九岁，由于年龄的接近，当然另一方面也是由于孔子的开明，子路才会近乎放肆地批评孔子"迂"！在孔子的弟子中，颜路（颜回的父亲）的年龄和孔子不会相差太多，但从《论语》的记载来看，只有子路敢这么对孔子说话，这不能不归因于他的性格。

子路的个性相当不服输，孔子夸颜渊几句，他就沉不住气，要说说自己的想法⑮。在《公冶长》篇和《先进》篇，都有"各言其志"的记载，我们看两次都是子路"率尔"发言，他这种勇气过人的性格表露无遗。当然，事情如果从不同角度立论，就会出现不同的看法。

子路的性格虽然毛躁，但这种性格，也使他一听到什么道理，便要力行，这种力行的举止，也不是常人能及的。【《公冶长》篇："子路，有闻未之能行，唯恐有闻。""子路这个人，在他所听到的道理还没做到时，最怕又听到什么新道理。""唯恐有闻"的"有"，音义同"又"。】我们看《微子》篇子路遇丈人以杖荷蓧丈章的记载：在丈人的一顿教训后，子路居然"拱而立"，真是粗中也有细。难怪孔子说他"升堂矣，未入于室也"。（《先进》）子路的为人可以说是大醇而小疵，孔子看透了他的毛病，所以有机会就要压压他。

有一次冉求说："不是不喜欢老师的道理，只是能力不够。"孔子说："能力不够的人，是在做的中途力尽而止的，你现在是画地自限，自己停在那里不做。"【《雍也》篇：冉求曰："非不说子之道，力不足也。"子曰："力不足者，中道而废。今女画。"说，音义同"悦"。中道，是半途。废，是止。画，有"画地自限"的意思。】从这个记载，可以见出冉求畏缩的个性，孔子了解他的毛病，所以对症下药，希望推推他。

现在的学生，多少有一种怨叹：总觉老师不够了解我们。为人师表的，在读了《论语》这些记载后，不能不遥思孔子当年三千门徒，而老夫子对门下弟子知之如此深刻，并且因材施教，发挥教育最大的功能。宜乎！后世尊为"万世师表"！

① 《雍也》篇：子谓仲弓曰："犁牛之子骍且角，虽欲勿用，山川其舍诸？"犁牛，指耕牛。根据《礼记·祭义》的记载，古代天子诸侯必有养兽之官，祭祀时所用的牺牲，必于是取之，骍，音xīng，赤色也。角，指头角方正。其，同"岂"。诸，是之乎的合音。

② 女，音义同"汝"。六言指仁、知、信、直、勇、刚六事。六蔽指愚、荡、贼、绞、乱、狂。朱注：礼，君子问更端，则起而对。故孔子谕子路，使还坐而告之。

③ 现在传世的《论语》版本，在上句"人"字下都有"以上"二字。这两个字，当不是原始经文所有的。不知什么时代，有个不通文理的人加上这二字以和下句"中人以下"相对称。孔子似把人的资质分为上、中、下三等，把大多数的人作为中等，上等和下等的人（所谓"上知"和"下愚"便比较少了。中等资质的人如果教育得好，可以移向上等；至于中等以下的人（就是下等资质人），是不能移到上等的。因为照孔子的意思，"上知"和"下愚"，都是不可移的（不受环境和教育的影响）。（见毛子水先生《论语今注今译》）语，音yù，告也，以言语告人而诱之为善。

④ 包曰："篑，土笼也，此劝人进于道德也。为山者其功虽已多，未成一篑而中道止者，我不以前功多而善之也。见其志不遂，故不与也。"皇疏："此奖人始为善而不住者也。譬如平地作山：山乃须多土，而始覆一篑；一篑虽少，交（意同后世的'却'字）是其有欲进之心可嘉。如人始为善，善乃未多，交求进之志可重；吾不以其功少而不善之，善之有胜于垂成而止者。故云吾往也。"这章以"为山"为喻，来劝人进德修业。"譬如为山"四字，是总贯全章的。"譬如平地"四字，则不知后来为何人所妄加。"虽覆一篑"上接"譬如为山"，跟"未成一篑"相对成文。现在各种版本的《论语》都有"譬如平地"四字，所以我们加括号记出。（参毛子水先生《论语今注今译》）

⑤《庄子·知北游》：东郭子问于庄子曰："所谓道，恶乎在？"庄子曰："无所不在。"东郭子曰："期而后可。"庄子曰："在蝼蚁。"曰："何其下邪！"曰："在稊稗。"曰："何其愈下邪！"曰："在瓦甓。"曰："何其愈甚邪！"曰："在屎溺。"东郭子不应。按：恶，音 wū，何也；"恶乎在"就是"在哪里？"期，必也。东郭子要庄子的肯定答复。蝼蚁，蝼蛄、蚂蚁，有知而微小的生物。稊稗（tí bài），小米和稗，稊稗，是无智却有生的物。甓，音 pì，砖也，瓦甓，无生而有形。屎溺，有形而臭腐。庄子所谓的道和儒家所说的道虽然不相干，但是"道无所不在"的道理，却是不可易的。

⑥《说文》：愤，懑也。启，教也。清朝朱骏声《说文通训

定声》以悱是悲的或体。并说：按《论语》不悱不发，悱亦怅恨之意。愤近于怒，悱近于怨，自怨自艾也。"举一隅而示之"依皇本、正平本，朱注本没有"而示之"三字。

⑦ 此处的"三人"，指多数人，不必一定是三人。钱坫《论语后录》："子产曰：'其所善者吾则行之，其所恶者吾则改之，是吾师也。'此云善、不善，当作是解，非谓三人中有善不善也。"按：子产的话见《左传·襄公三十一年》。

⑧ 作，伪装、装作也。"择其善者而从之"七个字，是"三人行必有我师焉"章的文句而错入这章的。这章必须删去这七个字，全章的旨趣才会完全显明！译文里没有把这七字译出。（见毛子水先生《论语今注今译》）

⑨ 好，音hào，爱好也。朱注："迁，移也。贰，复也。怒于甲者，不移于乙；过于前者，不复于后。颜子克己之功至于如此，可谓真好学矣。"现行《论语》版本"则"下有"亡"字。《群经平议》：此与《先进》篇语有详略，因涉彼文而误衍"亡"字。既云"亡"，又云"未闻好学"，于辞复矣！《释文》云："本或无亡字"，当据以订正。

⑩ "食无求饱，居无求安"，郑曰："学者之志有所不逮也。"这是说：不以饱食、安居为志向，不专求饱食、安居。敏事，是说勤勉于应行的事（应行的德行）。孔曰："有道者，谓有道德者也；正，谓问事是非也。"

⑪ 刘疏："宋氏翔凤《朴学斋札记》：'三代之学，皆明人

伦，贤贤易色，明夫妇之伦也。'今案夫妇为人伦之始，故此文叙于事父母、事君之前。《汉书·李寻传》引此文。颜师古注:'易色，经略于色，不贵之也。'又《广雅·释言》:易，如也。王氏念孙疏证引之云:'论语贤贤易色，易者，如也，犹言好德如好色也。'"按:"好德如好色"见《子罕》篇及《卫灵公》篇。事君能致其身:孔曰:"尽忠节不爱其身。"

⑫ "出则弟"的"弟"，音义同"悌"，善事兄长叫悌。泛，普遍。仁，指仁者。文，本指文字，这里指文字记载的知识，一说是指书本。在孔子的时代，读书人所读的书本，以《诗（经）》和《书（经）》为最重要。

⑬ 《八佾》篇:子语鲁大师乐。曰:"乐其可知也。始作，翕如上;从之，纯如也，皦如也，绎如也;以成。"我们现在听不到古乐，当然不容易懂得这章的话，但是孔子和对音乐十分内行的大师（古代的乐官）论乐章的结构，可见孔子音乐知识的丰富。

⑭ 朱注:"蔽，犹盖也。""思无邪"，是《诗经·鲁颂·駉》的一句话。依照语序，《诗经·駉》是颂鲁僖公的。郑笺释"思无邪":"思遵伯禽之法，专心无复邪意也。"古人引《诗》每每断章取义，我们姑不论原诗怎么讲，孔子引用这句诗，总有"用心不违于正道"或"心里不生邪念"的意思。

⑮ 《述而》篇:子谓颜渊曰:"用之则行，舍之则藏，唯我与尔有是夫。"子路曰:"子行三军则谁与？"孔子对颜渊说:"人

95

家要用我，我就出来做事；人家不用我，我就不出来。这种乐天的态度，只有我和你有罢！"子路说："如果老师要行军用兵，又和谁一块呢？"

第三章
孝悌——仁之本

子游问孝。子曰:"今之孝者,是谓能养。至于犬马,皆能有养;不敬,何以别乎?"

——《论语·为政》

孝是孝顺父母，悌是尊敬兄长。"悌"本写作"弟"，本义指兄弟，引申为"尊敬兄长"的意思，后来才有一个专字"悌"，不过，古书里用"弟"作"尊敬兄长"讲的很多。由于孝可以包含悌义，能孝自然能悌，所以我们经常说"孝"而不及于"悌"。孝，是中华文明的精髓，是一切德行的根本。古人说："以孝治天下"、"忠臣必出于孝子之门"，孝是君臣士庶所共遵行的至德。

有子曰："其为人也孝弟而好犯上者，鲜矣！不好犯上而好作乱者，未之有也。君子务本，本立而道生。孝弟也者，其为仁之本与！"[①]（《学而》）

有子说："一个孝顺父母、尊敬兄长的人，好冒犯君上，是极少的；不好冒犯君上而好作乱，是没有的。一个有心世道的君子，致力于根本的事情，根本的事情做好了，世界自然就会太平。孝悌，应该就是仁的根本吧！"

程子说："孝弟，顺德也。"【见朱引注】一个人能孝悌，心情自然会和顺，自然就不会做出犯上、作乱那一类悖逆、争斗的事情。政治上没有乱臣贼子，天下自然太平，所以要天下太平，就得提倡孝悌之道，以期家家孝悌、人人和顺。

孟懿子问孝。子曰："无违！" 樊迟御，子告之曰："孟孙问孝于我，我对曰'无违'。" 樊迟曰："何谓也？" 子曰："生，事之以礼；死，葬之以礼，祭之以礼。"②（《为政》）

孟懿子问孝。孔子回答说："不要违逆！" 樊迟替孔子赶车。孔子告诉他说："孟孙曾向我问孝，我回答说'不要违逆'。" 樊迟说："这是什么意思呢？" 孔子说："父母在世时，要依礼服事他们；父母过世后，要依礼葬他们，依礼祭他们。"

孝道虽有很多说法，但以顺为主，所以"无违"是一切孝行的基础，能"无违"自然能承顺亲志、承欢亲心。但是，天下事，并不是一成不变的，道理虽然容易说；临事却并不那么容易。让我们看看《左传》的记述：

晋献公立了太子申生，并且有了重耳（后来的晋文公）和夷吾等子。有一次晋国打骊戎，骊戎献了骊姬，后来骊姬生了奚齐，她就被立为夫人，但骊姬并不满意。为了巩固自己的地位，她希望立自己的孩子为太子。于是她和朝中小人勾结，游说献公把太子申生、重耳、夷吾群公子都驱离京城，派到比较偏远的地方去驻守，并且常挑拨他们父子间的感情，达成废长立幼、立奚齐为太子的目的。

骊姬还和小人定下毒计：骊姬对申生说："国君梦见你母亲，你一定要赶快祭祭！"当时申生的母亲已经去世了，申生立刻回到自己派驻的宗庙所在地曲沃祭拜。拜过后把祭肉和祭酒送到京城呈给父亲——这是古代的礼节。可这时，偏偏献公去打猎了。（这一切都在骊姬的算计之中！）

骊姬把酒肉放了六天，（天呀！）献公回来了，她往肉里下了毒后呈了上去，献公用酒祭地，（我们现在拜完后，不也把酒洒一点在地上吗！）泥巴地隆起来了，（有毒嘛！）给狗吃，狗死了！给小臣吃，小臣也死了！（倒霉！）骊姬哭了："祸害来自太子！"（恶人先告状！）献公火大了！（糊涂呀！）申生怕了，跑回驻地曲沃，献公杀了申生的老师杜原款消气。（冤！杜原款！）

有人劝太子说："你要把事情和国君说清楚，国君一定会调查真相的。"申生说："父王如果失去了姬氏，一定居不安，食不饱。我去诉说，姬一定有罪，父王年纪大了，（可不是！）做儿子的不能让他开心，又怎能夺他所爱！"

"那么你快逃吧！"申生说："父王没有明察这件事，我担了个杀父的罪名逃，谁会收容我？"辩也不成，逃又无路，唉！申生在曲沃上了吊！顺了父亲和骊姬的意。申生一死，骊姬就不怕什么了，说："群公子都知道这回事！"想一网打尽。重耳、夷吾可没死！他们都跑了。

二十年后，重耳回到故国，重振晋威，成为后人所谓的春秋五霸之一——晋文公。史家对这个事件记了一笔："晋侯杀其世子申生！"申生为了顺父之意，甘把生命献了出去，但却使父亲背了杀子的恶名，所以后代史家称申生为"恭世子"，而不以"孝"许他！孔子说："小杖则受，大杖则走，不陷父于不义。"（《孔子家语》）意思是父亲若用小棍子打我们，我们就忍着，若用大棍子打我们，我们就跑。要不然打死了可怎么办！跑了可以避免父亲遭受不义的恶名。

这个故事，很值得我们深思：孝，是什么？怎么做算孝？如果只要"无违"就算孝，那天下事就不会这么纷纭了。

子曰："事父母，几谏，见志不从，又敬而不违，劳而不怨。"③（《里仁》）

孔子说："服侍父母，如果我们觉得父母有什么不对的地方，要婉言劝谏。如果父母不听，我们还是要尊敬父母，但也不放弃我们的意思，这样我们也许很辛苦，但我们没有怨恨。"

《礼记·乐记》："乐也者，情之不可变者也；礼也者，理之不可易者也。乐统同，礼辨异，礼乐之说，管乎人情矣。"【郑注：管犹包也。】事实上任何事都当依乎事理、合于人情，方为合理，孝道，自不例外。以人情说，孝自以顺为德，但是如果父母有不对的地方，我们依旧顺从无违，那就是不合理的行为。

我们从孔子在颜渊死后，颜路请子之车以为之椁时的回答，可以体会出：孔子处事的合情合理。孔子虽然认为孝是"无违"，但绝不是不分是非、一味依从！既然不依，当然就是反对，即便是反对，也得合情合理。父母虽然有不是，但父母还是父母，这并不因父母有不是的地方就有所改变，既如此，就不能以待仇人、敌人、犯人的态度来对付父母，这不合情理。我们劝了，如果父母不听呢？放弃吗？做事情受点挫折就放弃，这也不合情理。

《孝经》上说："父有争子，则身不陷于不义。故当不义，则子不可以不争于父、臣不可以不争于君。故当不义，则争之。从父之令，又焉得为孝乎！"争就是诤，是用言语劝谏。委屈从父之令，算不得孝！难怪申生不为"孝"了！

"一个人事君，态度上太过急切，就会招来侮辱；一个人交友，态度上太过急切，就会被疏远。"【《里仁》篇：子游曰："事君数，斯辱矣。朋友数，斯疏矣。"邢疏："此章明为臣结交，当以礼渐进也。"集解："数，谓速数之数。""数"就是急切的意思。】事君、交友态度上固不可急切，劝谏父母尤当微言婉谏，若操之太急，不免伤了亲子之情。

虽然孟子说："如果国君把臣子当土当草看待，那么臣子就把国君当仇人看待。"【《孟子·离娄下》：孟子告齐宣王曰："……君之视臣如土芥，则臣视君如寇仇。"赵岐注："芥，草也。"焦循

《孟子正义》："土芥谓视之如土如草，不甚爱惜也。"】虽然"如果一个人没有朋友，那么，他可以下台去。"【见《培根论文集·谈友谊》】但是友谊不可强求，也强求不来，正所谓合则来，不合则去。亲子不同！亲子关系不是登个报就能解除的，视父母如寇仇，更是匪夷所思！好了，亲子关系不容忽视，父母总是父母，而我们也有我们的看法、立场，为了求全，只好委屈。孔子既说"无违"，又说"事父母几谏"，显然孔子希望孝之为道，是合情合理的，如果因为承"无违"的教训，而弄出愚孝的行为，那实不是孔子说话的本意。

我们不得不说一句：古代流传下来的二十四孝的故事，其精神是铄古耀今的，但我们如果只袭故事而忘其精神，那就是舍本逐末。比如王祥卧冰取鲤的故事，其精神很可取，但这个事就近于荒谬！（如果说成剖冰取鲤，是比较不会引起非议的，但故事的动人精神却也打了折扣！）水可以载舟，也可以覆舟；药可以医人，也可以杀人；知识可以帮助人，但有时也能误人——如果我们不能谨慎运用！

曾子有疾，召门弟子曰："启予足！启予手！《诗》云，'战战兢兢，如临深渊，如履薄冰。'而今而后，吾知免夫！小子！"④（《泰伯》）

曾子病了，叫来学生们，说："看看我的脚！看看我的手！

《诗经》上说：'战战兢兢，好像立在深潭的旁边［就怕掉下去］，好像踏在薄冰上面［就怕陷下去］。'从今以后，我知道我是不必怕［身体受毁伤］了！"

孟武伯问孝。子曰："父母唯其疾之忧。"【马曰："武伯，懿子之子、仲孙彘；武，谥也。言孝子不妄为非，唯疾病然后使父母忧。"】(《为政》)

孟武伯问孝。孔子说："一个人，如果能够使他的父母只为他的疾病而操心，那就可以算作孝了。"

《孝经·开宗明义章》："身体发肤，受之父母，不敢毁伤，孝之始也。立身行道，扬名于后世，以显父母，孝之终也。"

《大戴礼记·曾子大孝》："乐正子春曰：'吾闻之曾子，曾子闻诸夫子曰：天之所生，地之所养，人为大矣。父母全而生之，子全而归之，可谓孝矣。'"

唐代的诗人李贺（790—816）作诗的情形很特别。相传他每天早晨骑了弱马出去，命小奴仆背古锦囊跟着，如果得了一句半句，就写了投进囊中，到日暮黄昏回家后，才整合成篇。这种生活，除了大醉或丧吊，从不曾间断。每次他回到家中，母亲郑夫人命侍婢查看锦囊，看见写得多，就又怜又恨地说："我儿是要呕出心，才肯罢休了！"尼采说，一切文学我爱以血书之！每一件艺术品，对作者来说都是呕心沥血的成果，而"父母唯其疾之忧！"《诗经·邶风·凯风》：

　　凯风自南，吹彼棘心。棘心夭夭，母氏劬劳。
　　凯风自南，吹彼棘薪。母氏圣善，我无令人。
　　爰有寒泉，在浚之下。有子七人，母氏劳苦。
　　睍睆黄鸟，载好其音。有子七人，莫慰母心。⑤

　　幼嫩细柔的枣树芽，长成了粗壮坚实的枣树，母亲要付出多少苦心。小的时候，如果我们不满意，我们只要张开嘴扯开喉咙大哭，妈妈准忙不迭地赶来，又亲又哄又抱。渴了、饿了、湿了，果汁瓶、奶瓶、尿片。一个婴儿，母亲要为他洗多少尿片，消毒多少瓶子？我们肢体健全、头脑灵活，可知母亲操了多少心，担了多少惊？如果母亲一个没留神，我们可能把小手伸进了插头，我们可能错把墨水当果汁，我们可能弄翻开水壶，我们可能……父母给我们生命，使我们茁壮，我们不忍，也无权伤害这生命。如果我们爱父母，就从爱护自己的身体开始吧！当然人吃五谷杂粮，偶然染上疾病，也是难免，不过我们不能自己作孽，暴饮暴食，彻夜遨游，这些都不是惜生之道。父母在我们身上投注的心力，真是至矣尽矣！如果我们事事好自为之，父母自可少操些心。

　　子游问孝。子曰："今之孝者，是谓能养。至于犬马，皆能有

养。不敬，何以别乎？"⑥（《为政》）

子游问孝。孔子说："现在人的孝，只是能养父母。甚至，对于犬马，人也喂养它，如果只养而不敬，那么养犬马和养父母，还有什么不同！"

子夏问孝。子曰："色难。有事，弟子服其劳，有酒食，先生馔，曾是以为孝乎？"⑦（《为政》）

子夏问孝。孔子说："这和颜悦色最难。有事时，人子中年纪轻的来做。有了酒饭，让长辈吃，难道这就可以算是孝了吗？"

我们常常说物质不能代表一切，心意才是最重要的。小朋友寄给前方战士的一张卡片，学期末，同学献给老师的一束鲜花，礼虽轻，情却重。孝顺父母，不是富贵之家的专利，事实上"寒门出孝子"，我们只要尽自己的力量，侍奉父母，那就是孝。虽然是粗茶淡饭，虽然是陋居狭巷，只要拌和上敬意、孝思，就香甜、就舒坦。

母亲节，小女生献上一张"童画"，唱一首"妈妈的眼睛像星星"，哦！宝贝！《盐铁论·孝养》："上孝养志，其次养色，其次养体。"养志！养志！不是一时半刻，那是岁岁年年，时时刻刻！莫怪孔子要说"色难"。不过，我们要记住：对待饿饭的人，都不能说:"嗟来! 食!"⑧何况是对生身的父母。

曾子曰:"慎终追远,民德归厚矣!"【孔曰:"慎终者,丧尽其哀;追远者,祭尽其敬。"】(《学而》)

曾子说:"我们对亲长的丧事谨慎料理,对祖先的祭祀恭敬从事,那么风俗便自然趋向敦厚了!"

孝道多端。我们要尽孝,可以从许多方面做。比如,父母的年龄,不可不知,一方面我们为他们的年龄增加而高兴,一方面也为他们的身体衰老而担心。【《里仁》篇:子曰:"父母之年,不可不知也。一则以喜,一则以惧。"郑注:见其寿考则喜,见其衰老则惧。】比如,父母在的时候,不到远方去;如果出游,必有一定的方向。【《里仁》篇:子曰:"父母在,不远游;游必有方。"】没有一个子女不希望和父母永远在一起,我们见他们年龄增加自然高兴,但是再一想,年龄增加人也必衰老了些,心里自然害怕,害怕和父母没有太多共处的日子。

实在,人有一种共同的毛病,缺什么希望什么,至于眼前有的就不知珍惜。生病的人希望健康,没有父母的人渴慕亲情的关爱。可是,健康的人就不知爱护身体,甚至糟蹋身体,父母在眼前的人每每不知承欢膝下,甚至会连逆顶撞、伤父母的心。人们从历史得的教训并不多,所以历史经常重演。

"树欲静而风不止,子欲养而亲不待"的警言,并没有唤醒多少人，所以父母忧愁、子女怨怼的眼神也常出现。

我们静心想想，人生在世，没有什么比做人难的了，"近之则不孙、远之则怨"的困扰也常有的，不是吗！我们对人太亲近了，别人说我们虚伪，甚至说我们想讨便宜；较疏远吧，别人又说我们摆架子，有啥了不起！

事实上，子女要尽孝固然不易，父母要让子女满意也大不易。晚上要到外面晃荡的儿子，听到外面一声吆喝，抬脚就要走，他老妈可说话了："带件衣服，别凉着。过马路小心呀！早点回来，我给你等门。""好了！好了！烦不烦嘛！"儿子可不耐烦了。

见了面，外面的说话了："你老妈真不错，挺关心你的。我就是死在外边，我老爸老妈也不会心疼。我要是你，我才不出来荡。"另一个开腔了："我为什么不出来！我不出来我会疯，啰唆！烦不烦嘛！"父母多难呀！关心是啰唆，放任是冷淡！

有一个骑驴的笑话很有意思：有两兄弟牵着一匹驴子走在街上。哥哥骑驴，弟弟走路，旁人看了就讲：这哥哥太不爱护弟弟了。于是弟弟骑驴，哥哥走路。这时又有人说：弟弟不明理，为什么不让哥哥骑呢？然后两兄弟都骑驴，别人又批评他们虐待驴子。最后两个人都不骑了，别人又说他俩有驴不骑是愚蠢。我们要说：哪能尽如人意，但求无愧于心。只要我们心意够，就够了。我们无法活在别人的评论中，而一个人想要每个人都说他好、都说他对，那几乎是不可能的。

投一粒石子到水塘，立刻会引起一阵水分子的骚动，我们可以看见的是一波一波的涟漪。同样的，人和人相处，就该顾虑到别人的感受，因此我们要自我约束——我们并不奢望别人的好评，但我们要自我要求！我们要要求自己，我们不能也无法要求别人！有父母，才有子女；同样的，有子女，才称其为父母。这关系是相对的，而不是绝对的。这个道理，墨子说得最明白：

　　子自爱不爱父，故亏父而自利；弟自爱不爱兄，故亏兄而自利；臣自爱不爱君，故亏君而自利；此所谓乱也。虽父之不慈子，兄之不慈弟，君之不慈臣，此亦天下之所谓乱也。父自爱也，不爱子，故亏子而自利；兄自爱也，不爱弟，故亏弟而自利；君自爱也，不爱臣，故亏臣而自利。是何也？皆起不相爱。（《兼爱上》）

　　墨子这段文章，乍读不免生累赘之感，但墨子之所以不烦费词，从子、弟、臣的立场说，又从父、兄、君的立场说，不外强调人伦间的双轨关系。为子、为弟、为臣的由于自私而亏父、亏兄、亏君，这是"天下之所谓乱"。同样的，为父、为兄、为君者为了自利而亏子、亏弟、亏臣，这也是"天下之所谓乱"。那么天下的乱，莫不是由于人为利己至损人，因自私而不相容了。只要人人爱人如己——君臣、父子、兄弟都包括其中，无一例外！这种"兼爱"的精神和孔子的泛爱、基督的博爱并无二致。
　　现在社会上犯罪的事件越来越多，而青少年的犯罪比率相当高，这反映出青少年的问题已经相当严重！即便在父母师长心目中可以放心的孩子，也许还有好多怨怼——怨社会、怨学校、怨老师、怨父母。

几年前老人院传出杀人凶案，老人问题也因此而爆发！为人父母的，年轻时为子女忙碌，年纪大了，体力衰了，子女飞了，一个人闯自己的天下去了，老人心里好生怨恨，怨恨子女。两代之间彼此"交相恶"，于是代沟产生了。

"养儿防老"是中国人根深蒂固的老观念。这话如果送给年轻的子侄辈，以提醒年轻人，父母对子女的愿望，则替为人父母的说了心里的话，该是用意良美的。可是不幸这句话只有为人父母的心里抓得牢牢的，而年轻人却说"我们为自己活！"父母既心存希望，到这时不免失望了。

胡适之先生有一首诗《我的儿子》：

我实在不要儿子，
儿子自己来了。
"无后主义"的招牌，
于今挂不起来了！

譬如树上开花，
花落偶然结果。
那果便是你。

那树便是我。

树本无心结子，

我也无恩于你。

但是你既来了，

我不能不养你教你，

那是我对人道的义务，

并不是待你的恩谊。

将来你长大时，

莫忘了我怎样教训儿子：

我要你做一个堂堂的人，

不要你做我的孝顺儿子。

这诗亦庄亦谐，很有意思。为人父母的能体认养儿教子是"对人道的义务"，而不是"恩谊"，既然我未施恩，又何望酬报？而既未怀希望，自无所谓失望。他日子女反哺一二，就是意外收获，岂不喜出望外，即便子女远栖高飞，也都是意料中事，更无所谓怨叹了。

我们要说，润了儿身，瘦了娘亲，长了儿身，老了双亲。母亲怀胎十月，生下来的是个红彤彤的小东西，小东西只要咧咧嘴，就是半夜三更，睡意正酣，母亲也会颠倒衣裳，翻滚下床。在睡意未消下，母亲可能拿翻了奶瓶，热开水倒将下来，水溢流烫了手，烫醒了母亲！当我们要要赖、要顶撞时，想想吧！父母养育子女，是天职、是责任、是责无旁贷、是不容推诿；但是，子女不能以为一切理所当然。

人生之所以美好，是因为有爱；世界之所以可爱，是因为有情。一个没有爱心的人，鸟语花香对他都没有意义，因为他心里没有春天，只有心存感谢的人才有福才快乐。我们每每在论及青少年犯罪问题时，不是指责社会，就是归咎学校，要不然就是说父母对不起孩子，至于闯祸的当事人是千样的委屈、百种的无奈，可是他却是事情所由生——不管什么原因，事情总是他做出来的。

谎话说一遍是谎话，说一百遍就成了真话。我们这么宠这些娇儿娇女，于是年轻人就只知有自己、眼中再无他人，全不问别人曾给了他什么，只论别人没给他什么！他们怨天尤人，怒气干天！其实爱和被爱同样幸福。年轻人说：父母不了解我们！可是我们何尝了解父母？我们要求被爱，那我们也得学会爱人！"施恩慎勿念，受施慎勿忘。"父母子女都当深思、切记！

中国古代讲孝讲忠，是对人子人臣的教训。现在讲"孝"子忠仆，是对为人父母的和为民公仆者的要求。我们总觉得人际关系都是相对的，单方面的苛求，有时不免助长一方气焰而使双方形同水火。

这就好比做父母的，老是叫哥哥让着弟弟，久之，不免使哥哥怨恨弟弟。《左传》上郑伯克段的故事⑨就是个鲜明的例子。

天下事不外乎情、理二字，每个人都要认清自己的角色、尽个人的本分，父母有父母的样，人子有人子的形。不忮不求【《诗经·邶风·雄雉》："不忮不求，何用不臧？"忮，是忌妒的意思。臧，善也。"不忮不求"，指一个人不忌妒、不贪求，我们引这个话，意思自然偏重在"不求"上。】，为父母的固不能要求子女一味顺亲，事实上求也求不得！为子女的更不应要父母"孝"子"孝"孙。一切发乎情、中乎理，社会自然和谐、天下自然太平。

以上的意思，大半依据数年前我所发表的《从墨子兼爱说起》。在那篇文字我有后记："我上有父母，下有稚女。用作上文，以为惕励！"不想数年之内，父母相继大去，许多要为他们做的事，没有做；许多想对他们说的话，没有说；天乎！痛哉！

① 有若，孔子的弟子。在《论语》里记载弟子言行，通常都称字。如：子路、子贡，颜渊（字上加氏）等，只有有若和曾参称子。宋朝的程子以为："《论语》之书，成于有子、曾子之门人，故其书独二子以子称。"这个说法似可信。好，hào。朱注："犯上，谓干犯在上之人。鲜，少也。务，专力也。本，犹根也。"与，通"欤"。"本立而道生"的"道"和"朝闻道"的"道"同，都是指天下有道，世界太平。

② 孟懿子，说是鲁大夫仲孙何忌。懿，是谥。根据《左传·昭公七年》的记载：孟懿子从父孟僖子的遗命，师事孔子。但《史记·仲尼弟子列传》不列懿子的名。刘疏："懿子受学圣

门；及夫子仕鲁堕三都，懿子梗命，致圣人之政化不行，是实鲁之贼臣。弟子传不列其名；此（孔）注但云'鲁大夫'亦不云'弟子'，当为此也。"刘疏言之成理。"无违"的"无"，音义同"毋"，是禁止之意，义同现在的"不要"。"事之以礼"的"以"，当"依"讲。

③ 包曰："几者微也。""又敬而不违"："而"字依皇本，他本没有而字。"不违"是不违劝谏的初衷。《礼记·内则》："父母有过，下气怡色，柔声以谏。谏若不入，起敬起孝，说则复谏。不说，与其得罪于乡党州闾，宁孰谏。"（郑注："起，犹更也。"说，同"悦"。）

④ 《说文》："督，省视也。"王念孙认为《论语》这章的"启"是"督"的通用字，应该训为省视。这章所引"战战兢兢"的诗出自《小雅·小旻》。战战兢兢，是恐惧戒慎的意思。

⑤ 凯风，南风叫凯风。《说文》："棘，小枣丛生者。"心，纤小也。夭夭，形容树木幼嫩茂盛的样子。劬，音 qú，劳苦的意思。薪，树木长大可为薪。圣，睿智也。令，善也。浚，卫的邑名。睍睆，音 xiàn huǎn，美好貌。载，犹"则"也。

⑥ 王引之《经传释词》："是谓能养，'是'与'只'同义。"朱注："养，谓饮食供奉也。犬马待人而食，亦若养然。言人畜犬马，皆能有以养之，若能养其亲而敬不至，则与养犬马者何异。甚言不敬之罪，所以深警之也。"

⑦　色难，郑曰："言和颜说色是难也。"刘台拱《论语骈枝》："年幼者为弟子，年长者为先生，皆谓人子也。馔，具也。有事，幼者服其劳，有酒食，长者共其之。是皆子职之常，何足为孝！"《说文》："曾，词之舒也。"段注："按：曾之言乃也。《论语》曾是以为孝乎！训为乃，则合语气。"这个"曾"字，语气和我们说"难道……吗？"相同。

⑧　《礼记·檀弓》："齐大饥，黔敖为食于路，以待饿者。有饿者贸贸然来，黔敖曰：'嗟来！食！'饿者扬目而视之曰：'予唯不食嗟来之食，以至于斯。'终不食而死。"嗟来，犹嗟乎，来是语助词。（《庄子·大宗师》："嗟来桑户乎！"）

⑨　郑武公从申国娶了位夫人，叫武姜。武姜生了庄公和共叔段。由于庄公是难产，使他母亲武姜吃了苦头，因此武姜不喜欢庄公，把爱意全投到小儿子共叔段身上，甚至想让共叔段继承武公的君位，可是武公没答应。武公死后，庄公就位，武姜还不死心，变本加厉帮助小儿子共叔段，想密谋造反，夺取大儿子庄公的王位。最后郑庄公把弟弟打败，并且把他放逐出国。虽未杀绝，却已赶尽，兄弟阋墙，实属不幸。事见《左传·隐公元年》。

第四章
仁——克己复礼

子贡问曰:"有一言而可以终身行之者乎?"子曰:"其恕乎! 己所不欲,勿施于人。"

——《论语·卫灵公》

《说文》:"仁,亲也。从人二。"《孟子·尽心下》:"仁也者,人也。"那么,仁应该是人的道理;而两个人在一起,自必产生彼此相处的问题,人际关系于是发生。仁,就是维持人际关系的道理,所以"从人二"——一个人独处,自无所谓人际关系产生。人和人相处,是最难的事、最麻烦的问题,因此"仁"在孔子思想中是最有价值的部分。

子曰:"里,仁为美。择不处仁,焉得知!"[1](《里仁》)

孔子说:"住家,尚且以有仁风的地方为好,选择做人的道理,却不知道选择仁,这还可以算得上是聪明吗?"

《孟子·离娄上》:"仁,人之安宅也。"一个人做人必须依仁而行,行仁的人为仁人,以仁道施政,就是仁政,"君行仁政,斯民亲其上,死其长矣。"(《孟子·梁惠王下》)所以"仁者无敌"(《孟子·梁惠王上》)。仁,是放诸四海而皆准的道理,仁之为道大矣!什么是"仁"?

颜渊问仁。子曰："克己复礼为仁。一日克己复礼，天下归仁焉。为仁由己，而由人乎哉？"颜渊曰："请问其目。"子曰："非礼勿视，非礼勿听，非礼勿言，非礼勿动。"颜渊曰："回虽不敏，请事斯语矣！"[2]（《颜渊》）

颜渊向孔子请教为仁的道理。孔子说："为仁就是克制自己、循礼而行。一个人能够做到这个地步，天下的人就立刻称他为仁人了。仁是由自己去行的，难道是由别人给的吗？"颜渊说："请问那为仁的细目。"孔子说："不合礼的不看，不合礼的不听，不合礼的不说，不合礼的不做。"颜渊说："回虽然不聪敏，一定做到老师这话！"

礼是人应该遵行的正道，不过有时由于感情的冲动而背离正道，就是违礼。一个人能控制自己的感情，避免行为脱轨而发生违礼的事情，就是克己复礼，也就是仁了。

说实在话，我们人最大的敌人，不是别的，是我们自己。一个人跌倒了，不肯爬起来，别人是扶不起来的，即使扶起来了，也难保他不再跌倒！《史记·商君列传》："自胜之谓强。"这话说得好极了。"鱼必自败然后虫生焉！"没有什么外在的力量，能够打倒我们——如果我们自立自强！

"三军可夺帅也，匹夫不可夺志也。"（《论语·子罕》）即使是一个普通人，只要意志坚定，横逆风雨只是一种考验、磨炼。

当然人受气于天地之间，有时难免使气、控制不了自己的感情；有时又克制不了自己的自然习性，比如好逸恶劳等。如果我们不能克制自己，就什么事也做不成。当然感情发泄是很痛快的，舒服谁不会找！可是人要自制、要克己、要自胜就得"勉强"自己？（在日文中，是学习、用功、努力的意思，汉字写作"勉强"！）

如果我们不能"勉强"自己，我们什么也做不成。因为我们要找借口实在是太容易了：天气不好、身体不适、情绪不佳……太多了。要随时记住：真正的强人，不是气粗、拳头硬，是时时自我反省、自我克制、自我勉力！

孔子告诉颜回：为仁由己，非由人。我们觉得人经常犯一种毛病：太重视别人的评价，而缺乏自知之明！（兵家说：知己知彼，百战百胜。一个人没有自知之明，怎么打人生的仗！）以至陶醉在掌声中而迷失自我。一个人能"举世而誉之而不加劝，举世而非之而不加沮。"【见《庄子·逍遥游》。举世，指全天下。沮，沮丧。意思是说，一个人的意志、行为，不因外界的毁、誉而有所改变。】自可宠辱皆忘，行所当行。

颜渊是孔子门下资质最高的学生，仁是孔子心目中最高的德行③，颜渊问仁，孔子告诉他"非礼勿视，非礼勿听，非礼勿言，非礼勿动"，视、听、言、动，是每个人日常的行动，勿犯非礼，是常人都懂得的道理。一个天资最高的学生问到最高的德行，孔子却只给了他四句最粗浅的话，这实在是一件可惊怪的事！从这里我们可以领悟：圣人教人养心修德，只在日常行为上着力，一切平平实实做去，其间并没有遥不可及或玄妙的道理。

所谓"勿视、勿听、勿言、勿动"，只是要人时时刻刻注意自己日常的行为，而没有<u>丝毫苟且</u>、<u>丝毫含糊</u>，这就是"为仁由己"的真正功夫！如果我们"无终食之间违仁，造次必于是！颠沛必于是！"【见《里仁》篇。终食，指吃顿饭的时间。造次，在十分慌忙的时候。颠沛，在艰难困顿的环境里。】仁就实在不是遥不可及，不是常人做不到的，我们要仁，那么仁就来到了！【《述而》篇：子曰："仁远乎哉？我欲仁，斯仁至矣！"】

圣人的道理看似高远，其实都是平实可行的。事实上，世界上最好的道理都是很容易懂、很容易行的，一种道理讲出来，如果旁人听不懂，那么说的人，不是在骗别人，就是在骗自己！

仲弓问仁。子曰："出门如见大宾，使民如承大祭。己所不欲，勿施于人。在邦无怨，在家无怨。"仲弓曰："雍虽不敏，请事斯语矣。"④（《颜渊》）

仲弓向孔子请教为仁的道理。孔子说："出了大门，对人要十分恭谨；用老百姓的时候，要十分敬肃。凡是自己不喜欢人家向我们做的事情，我们也不要对别人做。无论在什么地方都不要使人怨恨。"仲弓说："雍虽然不聪敏，一定做到老师这话！"

子曰："参乎！吾道一以贯之。"曾子曰："唯。"子出，门人问曰："何谓也？"曾子曰："夫子之道，忠恕而已矣！"【朱注："贯，通也。唯者，应之速而无疑者也。"《玉藻》："父母呼，唯而不诺。"朱注：尽己之谓忠，推己之谓恕。】(《里仁》)

孔子说："参，我平日所说的许多道理，是可以用一种道理来贯通的。"曾子说："是的。"孔子出了讲堂，同学们问曾子："老师说的是什么意思？"曾子说："老师的道理，不过'忠恕'罢了！"

子贡问曰："有一言【一言，即一个字。比如平常我们说《诗经》是四言诗的代表诗集，就是说《诗经》中的诗，大半是四个字一句的。】而可以终身行之者乎？"子曰："其恕乎！己所不欲，勿施于人。"(《卫灵公》)

子贡问道："有一个字可以一辈子照着做的吗？"孔子说："那该是'恕'吧！自己所不喜欢的事，就不要加在别人身上！"

子贡曰："我不欲人之加诸我也，吾亦欲无加诸人。"子曰："赐也，非尔所及也！"⑤(《公冶长》)

子贡说："我不希望别人加到我身上的事，也不希望加到别人身上。"孔子说："赐呀！你还没有做到这个地步。"

孔子平时对弟子的教训自然很多，所以特别以"吾道一以贯之"作为提纲挈领的提示。道，本来指道路，引申当道理讲。千言万语总归一个：恕！这"恕"是古来圣哲教人做人的道理中，最可贵的一个字！所以子贡问："有一言而可以终身行之者乎？"孔子就答以"恕"。恕是己所不欲，勿施于人，也就是《礼记·中庸》所谓："施诸己而不愿，亦勿施于人。"而曾子所说的"忠恕"和孔子所说的"恕"意义完全相同。

西方哲学家说："人各自由，而以他人之自由为界。"比如：我们有保卫身体的自由，我们不希望受到别人的伤害，那么我们也不可以伤害别人的身体；我们有秘密通信的自由，不希望别人偷看我们的书信，我们自然也不可以偷看别人的书信；我们不希望被骗，我们就不该骗人；我们不喜欢被人打、被人骂，我们就不该打人、骂人。我们只要将心比心，把别人当自己看待，就能做到恕。话是容易说，做可就不容易！

我们现在写的"私"字，《说文》上作"厶"，这就是我们的心的形，可见古代人就已经体认一个事实：人心的自私！既然人都有私心，要做到处处为他人设想，想到自己的好恶的同时，也能想想别人的感受，这就不容易！比如：我们等公交车，没上车，希望车停下来，希望上得去。上了车，就恨不得是班直达车，直到我们要下的站再停！"后面还有空！挤挤吧！"车下的说。"还上，还上！挤死人了！"车上的说。"嫌挤，下去呗！车下那么多人，让让嘛！"司机说。司机可以说公道话——如果他是位尽职的司机。人由于不能克制自己，所以表现得自私自利。

由此看来，"克己"实在就是实行"恕"道的一种方法。我们必须克制我们的私心、私欲，才能做到"己所不欲，勿施于人"。这自然不是简单的事，必须有相当的德行修养才能做到，而一个人能做到恕，自然也就已经做到"仁"了，说到这里，我们也许可以了解孔子很少以仁许人的原因了。

我们说："己所不欲，勿施于人。"如果我们说："以己所欲，施于人"是不是可以呢？比如，我喜欢喝酒，就强向人敬酒；我喜欢抽烟，就强迫别人接受熏陶；我喜欢打牌，别人就得奉陪。这成吗？自然不成。一个人所喜欢的，并不一定正当，即便是正当的，别人也未必感兴趣，就像我们喜欢弹琴，别人也许以为是噪音；我们喜欢猫狗，别人也许认为会传染疾病。如果完全以自己的尺度衡量别人，我们的出发点虽然不坏，但结果每每有害无益。

《孟子·梁惠王上》："[孟子] 曰：'《诗》云：刑于寡妻，至于兄弟，以御于家邦。言举斯心加诸彼而已。故推恩足以保四海，不推恩无以保妻子。古之人所以大过人者无他焉，善推其所为而已矣'"【寡妻，指寡德之妻，谦语。】孟子所谓"推恩"，正是"恕"道的积极面。孔子说："自己要立，便让别人也立；自己要达，便让别人也达。"【《雍也》篇：子曰："夫仁者，己欲立而立人；己欲达而达人。"】这就是行仁的道理、恕道的积极表现。

司马牛问仁。子曰："仁者其言也讱。"曰："其言也讱，斯谓之仁已乎？"子曰："为之难，言之得无讱乎！"【《说文》："讱，顿也。"指言语迟钝。】(《颜渊》)

司马牛向孔子请教为仁的道理。孔子说："仁人说话都很迟钝。"司马牛说："一个人说话迟钝，就算是仁了吗？"孔子说："做事情是不容易的，话怎么能不说慢点！"

舌头比手脚快，是人们常犯的毛病，所以孔子要说："君子欲讷于言而敏于行。"(《里仁》)"古者言之不出，耻躬之不逮也。"(《里仁》)古人不随便说话，因为说了而做不到是可耻的。一个成德的人便能"久要不忘平生之言"【见《宪问》篇。孔曰："久要，旧约也。"朱注："平生，平日也。"】。

老子说"轻诺必寡信"，一个人要做到言出必行，就必须重承诺。曾子的妻子，因为儿子啼哭不止，就说："别哭，杀猪给你吃。"等曾子真的要杀猪了，妻子不肯，说："小孩子嘛！我不过随便跟他说说！何必认真！"曾子说："对小孩子是不能随便说说的，小孩子不懂什么，他们全是跟父母学样，现在骗他，就是教他欺骗。母亲骗孩子，儿子不信任母亲，这不是教育的道理。"结果猪还是杀了。

春秋时晋文公伐原，带了三天的粮，预计三天可以拿下，三天后原不投降，就预备班师回国。这时城里的间谍传出消息："原就要降了。"底下人都希望再等等，但是文公说："信，国之宝也，民之所庇也，得原失信，何以庇之？"退了三十里原人就投降了。（《左传·僖公二十五年》）信能使敌人低头，使朋友间更亲近。

春秋时候，季札过徐，徐君很喜欢季札的佩剑，不过说不出口。季札心里明白，只是当时还有任务在身，所以没有把剑送给徐君。等到他办完了事回到徐，徐君已经故去。季札把佩剑解下，挂在徐君家树上才离开。宝剑上的辉光正是友谊的光辉，难怪古人要说："得黄金百斤，不如得季布一诺。"【季布是楚、汉时人，曾为项羽将。布重承诺，闻名关中。】

社会的秩序就靠人人言出必行，言行一致来维系。一个人轻率多言，则会"言多必失"，对自己是有害无益的，言行不符更是个人的败德，破坏人际关系和谐的因素。俗语说："叫唤的鸟不肥。"非洲人说："不说无益的话，免得口渴。"我们实不能不慎呀！以免祸从口出！

孔子认为，"言辞，足以表情达意就够了！"【《卫灵公》篇：子曰："辞，达而已矣！"】我们讲求修辞造句，也只能是为了更准确地表达我们的意思，以发挥语言（文字）的功能，而决不能花言巧语以哗众取宠甚至招摇撞骗！

孔子很了解语言的功能，所以他也不避讳地说："察言而观色。"（《颜渊》）但是，如果一个人的语言，只讲求形式上的修饰，那么祸害比根本不会说话要大得多，孔子对这种毛病一定有深刻体认，所以他不止一次地说："巧言令色，鲜矣仁！"【这话在《学而》篇和《阳货》篇都有记载，虽然皇本和正本《阳货》篇没有这章。不过我们想孔子说这话绝不止一次两次。】说："巧言乱德。"(《卫灵公》)说："巧言令色足恭，左丘明耻之，丘亦耻之。"(《公冶长》)

人和人相处，贵在和气。巧言、令色、足恭——说话中听、面容和悦、态度谦恭，不但不是坏事，还是做人必需的态度，但如果一个人只讲求外表，而不重内在的修养，那就不足道了。仁重在躬行道德，外表的仪文算不得是仁，所以他讨厌"佞者"⑥，讨厌"利口之覆邦家者"(《阳货》)！我们观察人必须"听其言而观其行"(《公冶长》)。

在虚伪多诈的世上，要想知道一个人是不是有道德，就要从他实际的行为来衡量，绝不可只依外表的仪文来评定。我们更要记住的是：如果我们要说话了，就慢点说，我们要做话的主人，切莫浮言躁语、事后追悔莫及，成了话的仆人。

子张问仁于孔子。孔子曰："能行五者于天下，为仁矣！""请问之。"曰："恭、宽、信、敏、惠。恭则不侮，宽则得众，信则人任焉，敏则有功，惠则足以使人。"(《阳货》)

子张向孔子请教仁。孔子说："能够做到五件事情，就算仁了!""请问是哪五件?"孔子说:"恭谨、宽厚、诚信、勤快、惠爱。恭谨就不会招致侮辱,宽厚就能得人心,诚信就能得人信赖,勤快就能成事功,惠爱就能使人为我所用。"

孔子告诉颜渊,仁是克己复礼,是非礼勿视、非礼勿听、非礼勿言、非礼勿动;告诉仲弓,仁是己所不欲,勿施于人;告诉司马牛,仁者,其言也讱。我们以为,能恭谨、勤快,才能力行克己复礼,才能时时刻刻非礼勿视、勿听、勿言、勿动;能宽厚、惠爱才能恕以待人;能诚信才能讱口少言。勿犯非礼,己所不欲、勿施于人,讱口少言,是一个人要做到仁,在行为上要注意的事情;恭、宽、信、敏、惠,是一个人要做到仁,在性格上该具备的条件。

一个天生具备恭、宽、信、敏、惠资质的人,如果再加上后天的努力,在言行各方面多磨炼,自然可以止于至善,达于至德。樊迟问仁,孔子告诉他要"爱人。"这两个字真抵得上千言万语。社会秩序、人际关系都靠一个字维系:爱。如果人类没有爱心,人们不再爱人,那么社会必将充满恐怖,人和人之间也将只剩下仇恨。

英国诗人威廉·布莱克的《毒树》,第一段写着:

我对朋友感到愤怒:

我说出这愤怒,它消失了。

我对敌人感到愤怒!

我没说出，它滋长了。

缺乏爱的滋润，人的精神就会没有生命力，失去它的力量和生机，也不再能鼓舞我们在世界上留下一鳞半爪。但只要有爱，上帝就在我们心里，天堂就在我们左右。

说到这里，忽然想起中国最伟大的诗人杜甫，让我们看看他伟大的一面，《茅屋为秋风所破歌》：

八月秋高风怒号，卷我屋上三重茅。茅飞渡江洒江郊，高者挂罥【juàn，挂也】长林梢，下者飘转沉塘坳。南村群童欺我老无力，忍能对面为盗贼。公然抱茅入竹去，唇焦口燥呼不得！归来倚杖自叹息。俄顷风定云墨色，秋天漠漠向昏黑。布衾多年冷似铁，娇儿恶卧踏里裂。床头屋漏无干处，雨脚如麻未断绝。自经丧乱少睡眠，长夜沾湿何由彻【彻，晓也】。安得广厦千万间，大庇天下寒士俱欢颜。风雨不动安如山。呜呼！何时眼前突兀见此屋⑦，吾庐独破受冻死亦足！

杜甫情感深挚、襟怀博大，才能写出这种感人的诗篇。一阵狂风，卷走了屋上几重茅草。茅草居然能渡江而去，可见风力之强！童子无知，居然仗着人多欺我！眼见茅草被公然掠夺，气结之余也只好黯然叹息。诗人这时心里该充满恨意吧！"屋漏偏逢连夜雨"，外面下大雨，屋里下小雨，加上冷硬的老破被，孩子无知也无心，他并不想加深大人的愁苦，可是他讨厌这一切，他讨厌！

苦雨伴着不眠人，点滴到天明。大地多么无情，人生多么凄苦！我们的诗人，心绪一转：安得广厦千万间，大庇天下寒士俱欢颜。一个人在自身难保的情况下，没有怨天尤人，没有捶胸顿足，却只想到和自己一样境况的人。他的心里没有恨，没有怨，却充满了爱，这是"仁"的光辉，也是杜甫被后人视为最具儒家色彩的诗人的原因⑧。

让我们拥抱大地和人类吧！如果人间没有情爱，那太阳为什么那么亮丽！

子贡问为仁。子曰："工欲善其事，必先利其器。居是邦也，事其大夫之贤者，友其士之仁者。"【刘疏：为，犹行也。】(《卫灵公》)

子贡向孔子问"为仁"的方法。孔子说："工匠要做好他的工作，必须先把工具弄好。我们在一个国家里，应该在贤能官员下做事，应该和有仁德的人交往。"

子夏曰："博学而笃志，切问而近思，仁在其中矣。"【笃志、切问、近思的对象都是道。】(《子张》)

子夏说："一个人能够广求知识而笃志于道，能够对于行己立身的道理审问并且慎思，就可以做到仁了。"

如果一个人能够做到克己复礼，能够做到己所不欲勿施于人，能够做到讷口少言，能够做到恭宽信敏惠，能够做到爱人，那就是做到仁了。要用什么方法才能做到仁呢？苏格拉底说："知识即道德。"而道德源于知识，乃是孔门师生所共信的。要求得知识自然只有学习一途，所谓"玉不琢，不成器；人不学，不知义。"（《三字经》）"义，人之正路也。"（《孟子·离娄上》）

在人生的旅途中，有正路，有邪径，我们必须经过思辨才能有正确的选择。思辨必须以知识为基础，所以学是人生最重要的事情，人生就是一个不断学习的过程——活到老，学到老。不是吗？凡事不可贪，但是求知识的心，却是越大越好，因为只有这样，知识对我们才会产生诱惑力，学的意志才会强，博学始为可能。

《中庸》："博学之，审问之，慎思之，明辨之，笃行之。"求知就好比学游泳：第一步必须能入——跃入游泳池，而且必须埋首水中；第二必须能出——能够把头从水里抬出来。求知也是一样，不埋头书中，则无所得，则不能精；如果只是埋首书中，则不免食古不化，落得个书呆子的雅号。所以我们既要广求知识，还要用自己的思维好好做思辨的功夫。

我们平常说学问、学问，所以要学，就要不耻下问，"知识增时只益疑"，为了释疑，我们学习的热忱更高了，而"问"，也是解惑的一种可靠的途径。"师者，所以传道、授业、解惑也。"（韩愈《师说》）从师学习，问惑于师，自是最可靠的学习方式。不过圣人无常师，由于孔子个人的体验，为了扩大学习的触须，孔子说："事其大夫之贤者，友其士之仁者。"我们在工作中、交游中，都可以取法别人，以达学习的目的。学习是过程，目的是"行"。如果我们知道为什么要爱人、知道怎样爱人，可是就是不爱人，所知也是枉然。

仁是孔子心目中一切德行的根本，其重要性自不待言。仁虽然重要，但并不玄远。民生问题重要吧！可民生问题只要每天依时解决就不成问题了，重要却并不难办！我们只要心中欲仁，要做仁人，要做个像人样的人，就能做到仁。只要我们努力求知，从最切近的日常行为上用心、用力，从内心仔细体认自己，并且以这种感受去了解旁人，少说话，多做事，虽不一定能成为仁人，但亦必不远了。

我曾在一位老师的研究室见到一副很有意思的对联，录在这里，借兹彼此互勉："多读些子书，少说点儿话。"

子曰："民之于仁也，甚于水火。水火，吾见蹈而死者矣，未见蹈仁而死者也。"（《卫灵公》）

孔子说："仁对于百姓来说，比水火更重要。我见过因水火而死的，却没有见过为仁而死的。"

子曰："由，知德者鲜矣！"（《卫灵公》）

孔子说："由呀，懂得修德的人很少呀！"

子曰："吾未见好德如好色者也。"（《子罕》）

孔子说："我没有见过一个喜欢德行像喜欢美色一样的人！"

孔子以仁代表精神生活，以水火代表物质生活。不错，民以食为天，不解决，人就不能活下去，食养活人，也养活其他动物。如果人只是为了活着——以物质来维持生命，那么人和禽兽就没有什么两样了。孟子说："人之所以异于禽兽者几希！"（《离娄下》）人和禽兽的界线微小极了：人有生存的问题，禽兽也有；人有繁殖的需求，禽兽也有。人和禽兽有什么不同？

在生理构造方面，人和禽兽也大同小异，而这小异中最值得注意的是，人的脑比别的禽兽来得复杂，褶皱也特别多，这注定了一个事实：人除了自然性，还有理性；人需要物质生活，还需要精神生活；人生最大的问题，除了求如何生存下去，还如何生存得更好，更美满！

可叹的是"人为财死，鸟为食亡"，"杀身成仁"只是志士仁人偶有的义行。孜孜为利的人，我们随处可以见到，而孜孜为善的人，却是凤毛麟角。难怪孔子要叹"知德者鲜矣"了！不错，食色，性也。但是人世间除了美色，还有美德。好色之徒，随处可见；好德之士，却不多得！难怪孔子要叹"吾未见好德如好色者也"。（这话除了见于《子罕》篇外，《卫灵公》上也有，可见孔子对这种现象的关切和叹息之深了。）

子曰："我未见好仁者，恶不仁者。好仁者，无以尚之；恶不仁者，其为仁矣，不使不仁者加乎其身。有能一日用其力于仁矣乎？我未见力不足者。盖有之矣，我未之见也。"（《里仁》）

孔子说："我没有见过［这样］好仁和［这样］恶不仁的人。那好仁的人，把仁看得高于一切；那恶不仁的人，他的为人，决不让不仁的人靠近他。我没有见过，一个人真有一天决心用力去行仁而力不足的。可能有这种情况，可是我没有见过。"

子曰："回也，其心三月不违仁，其余则日月至焉而已矣！"【朱注：三月，言其久。集解："余人暂有至仁时，唯回移时而不变。"】（《雍也》）

孔子说："颜回能够长时间依仁而行，心志不移；别的人只是能偶然达到仁的境界罢了。"

"只要功夫深，铁杵磨成绣花针。"这句话本是鼓励人用功的，不过我们从这句话倒是想到一个问题：下功夫在磨杵上，自然能磨成绣花针，如果想把粉笔磨成针，那么多费工夫也是徒劳的。这说明一件事：我们应该认清自己，而不该盲目附和。受先天条件的限制，并不是每个人都能被磨炼成国手的，好在人类中不可移的"下愚"正和人类中智商特高的天才一样少见，何况"勤能补拙"，所以我们对自己还是可以放心的，只要我们努力，就一定能达到目的。

孔子说："我没有见过，一个人真有一天决心用力去行仁而力不足的！"只要我们下决心做，我们就做得到。理论上是如此的，但事实上，在孔子那么多弟子中，只有颜回可以长时间不违仁，其他人只是偶然做到罢了。这就关系到学习的态度了。

人有一种毛病：三分钟热度！比如学期刚开始，一想到好的开始是成功的一半，就兴奋地拟计划、订作息表：早上几点起，诵英语、演数学，晚上几点睡，睡前温语文、背史地，电视只看新闻，报纸每天必读，前一两个礼拜，可能做得很好。慢慢地，电视剧真热闹，电视长片更精彩，不看多可惜！功课？明天早点起来再做吧。早上妈妈叫了，让我再睡一会，不然上课没精神！到了晚上：嘿！连续剧嘛！怎么能不连着看！功课？明天……"明日复明日，明日何其多。我生待明日，万事成蹉跎。"

人要有恒心地去做一项工作是多么不易！孔子说："颠沛必于是！造次必于是！"不管外界环境怎么改变，我们都要坚持，要一本初衷，不能动摇。要知"节制是美德"，我们若能够节制我们的欲念——贪睡、好玩等等，即使我们的努力并没得到预期效果，我们也已经打了一场胜仗——战胜了自己。所以孔子说："南方人曾说：'一个人如果没有恒心，那他连巫医也不可以做。'这话好得很！"【《子路》篇，子曰："南人有言曰：'人而无恒，不可以作巫医。'善夫！"而，如也。】"为善如登，为恶如崩。"一个人要学好，得有决心、信心、恒心、定力、毅力、努力，多不容易！一个人变坏，却快得很，那情形就像崩落的滚石，一落就是千丈！"仁"只是日常行为的准则，每时每刻依仁力行，就是仁人，可是孔子那么多弟子，也只颜渊一个人在这方面得到赞许。我们都知道"有志者事竟成"，可是我们周围，成功的人并不多，失败了就一蹶不振的却多得是！持志有恒，真不是容易做到的！

① 里，指住家的地方。"仁为美"的"仁"，当仁厚风俗讲。择，指选择做人的道理，不是指择居。如果指择居，那么孔子这话就没什么大意思了。皇疏引沈居士曰："言所居之里尚以仁地为美，况择身所处而不处仁道，安得智乎！"案：择身所处，指择处身之道，即择做人的道理。

② 复，本是"反"的意思，引申为遵循。《左传·昭公十二年》：仲尼曰："古也有志：'克己复礼，仁也。'信善哉！"那么"克己复礼为仁"的话，是根据古志的。朱注："归，犹与也。"案：与是赞许的意思。目，指条目、细目。

③《公冶长》篇：孟武伯问，"子路，仁乎？"子曰："不知也。"又问。子曰："由也，千乘之国，可使治其赋也，不知其仁也。""求也何如？"子曰："求也，千室之邑，百乘之家，可使为之宰也，不知其仁也。""赤也何如？"子曰："赤也，束带立于朝，可使与宾客言也，不知其仁也。"

子张问曰："令尹子文，三仕为令尹，无喜色；三已之，无愠色。旧令尹之政，必以告新令尹。何如？"子曰："忠矣！"曰："仁矣乎？"曰："未知，焉得仁！""崔子弑齐君，陈文子有马十乘，弃而违之。至于他邦，则曰：'犹吾大夫崔子也。'违之。之一邦，则又曰：'犹吾大夫崔子也。'违之。何如？"子曰："清矣！"曰："仁矣乎？"曰："未知，焉得仁。"

《宪问》篇：宪问耻。子曰："邦有道，谷。邦无道，谷，耻也！""克、伐、怨、欲，不行焉，可以为仁矣？"子曰："可以为难矣！仁，则吾不知也。"

子曰："君子而不仁者有矣夫，未有小人而仁者也。"

由以上我们所引，可见仁在孔子心目中是最高的德行。

④《左传·僖公三十三年》：[晋]白季曰："臣闻之，出门如宾，承事如祭，仁之则也。"那么，"出门如见大宾"和"克己复礼"都是仁的古训。邦，指诸侯的国；家，指卿大夫的家。这两句指人到处无怨，到处和人和平相处。

⑤ 朱注：子贡言我所不欲人加于我之事，我亦不欲以此加之于人。此仁者之事，不待勉强，故夫子以为非子贡所及。

⑥《先进》篇：子路使子羔为费宰。子曰："贼夫人之子！"子路曰："有民人焉，有社稷焉，何必读书，然后为学？"子曰："是故恶夫佞者！"朱注："子路为季氏宰而举之也。贼，害也。言子羔质美而未学，遽使治民，适以害之。[有民人焉]言治民事神，皆所以为学。"夫，音 fú。夫人，就是那人。

⑦ 突兀，本是高貌。韩愈诗："须臾静扫众峰出，仰见突兀撑青空。"现在引申为行动或事件突然而至。

⑧《左传》是反映儒家思想的作品，晋代的《左传》专家杜预（曾注《左传》）是杜甫的十三世祖，想来杜甫所反映的纯儒思想，也是其来有自吧！

第五章

礼——与其奢也，宁俭

林放问礼之本，子曰："大哉问！礼，与其奢也，宁俭；丧，与其易也，宁戚。"

——《论语·八佾》

孔子以"克己复礼"和"非礼勿视，非礼勿听，非礼勿言，非礼勿动"答颜渊的问仁。仁是孔子最重视的个人德行修养，而孔子认为依礼而行、勿犯非礼就能成为仁人，由此可见礼的重要性。孔子告诉伯鱼："不学《礼》，无以立。"(《季氏》)类似的话在《尧曰》篇也有【《尧曰》篇：子曰："不知命，无以为君子也；不知礼，无以立也；不知言，无以知人也。"】，想来这方面的言论，孔子当不止说了两次。

子入大庙，每事问。或曰："孰谓鄹人之子知礼乎？入大庙，每事问。"子闻之，曰："是礼也。"① (《八佾》)

孔子进入太庙，对每一件不十分明白的事儿都向人请教。有人说："谁说鄹人的儿子懂得礼？他进入太庙，每件事都问。"孔子听到这话，说："这就是礼呀！"

子见齐衰者、冕衣裳者与瞽者，见之，虽少，必作、过之必趋。② (《子罕》)

139

孔子看见穿丧服的人、在高位的人和眼睛瞎了的人时，即使他们很年轻，孔子也一定起立为礼；如果经过他们的前面，一定快步示敬。

孔子以言语表达他重视礼的意思，同时也以行动来表达他的重视礼。一个人初入太庙，自然有许多事情知道得不确切，不知而不问，就成为真正的不知了。"每事问"当然是问不确切知道的事情，问了才可算是敬谨，才可以算是礼。如果连确切知道的事情也问，这是捣乱，是跟太庙管事的人过不去，不能算是礼——简直是无礼透顶！所以我们要读这章，就应该知道，"入"是初次入，"每事"也只是每一件不知道的事。从"每事问"，可以见出孔子的重视礼和他敬谨的心情。有人不了解孔子的心意，以为从"每事问"可以看出孔子不知礼，否则何必每事问，却不知"每事问"正是对礼的敬谨表现。

齐衰者、瞽者，自然可愍，冕衣裳者，自然可敬，孔子对可愍者表同情，对可敬者表敬意，即使他们很年轻，也不怠慢。起立为礼或快步示敬（古人走路经过别人的面前时，以快步为敬。"[孔子]尝独立，鲤趋而过庭。"就是一例。即使现在，我们如果大模大样地走过尊长面前，也是很没教养的行为！），本都是很细小的事情，很容易做到的举动，但就是因为容易反而有时不做，因为细小反而时常忽略，孔子对这些细节也不放过，可见他对礼的重视、行礼的敬谨。

孔子谓季氏八佾舞于庭："是可忍也,孰不可忍也!"③(《八佾》)

孔子讲到季氏在家庙中用八佾的乐舞这件事时说:"这种人如果可以容忍,那还有什么人不可以容忍!"

三家者以雍彻。子曰:"'相维辟公,天子穆穆。'奚取于三家之堂!"④(《八佾》)

三家彻祭时歌《雍》诗。孔子批评说:"'相维辟公,天子穆穆。'这情景在三家的庙堂里见得到吗!"

季氏旅于泰山。子谓冉有曰:"女弗能救与?"对曰:"不能。"子曰:"呜呼!曾谓泰山不如林放乎!"⑤(《八佾》)

季氏去祭泰山。孔子对冉有说:"你不能阻止吗?"冉有回答说:"不能。"孔子说:"难道泰山的神还不如林放[那样的懂礼]吗!"

人缺什么,就希望什么。一件事情、一种现象,会被人拿出来议论,也经常是因为那是件重要的事情,而人们却不注意;那是种不合理的现象,而人们却视而不见。在这种情况下,有识之

141

士自然要提出他对这事情、这现象的看法。

孔子之所以重视礼，实在也是因为当时人对礼的认识有偏差，而僭礼[6]的现象已经到了相当严重的地步。仲孙（后改称孟孙）、叔孙、季孙三家是鲁国当时最有权势的贵族，他们操纵鲁国的政治，其行为可视为当时贵族行径的代表，我们以他们为抽样看看：季氏不过是鲁的大夫，只能用四佾，可竟然用八佾于家庙，这种违礼越分的事情，实在可恨可叹！

天子宗庙祭祀，彻祭时歌《雍》。三家不过是大夫，也以《雍》彻。在三家的庙堂上，既没有诸侯，更没有天子，而《雍》诗明明是说"相维辟公，天子穆穆"。空摆谱，又有什么意思？古代天子得祭天下名山大川，诸侯则祭山川在其封内。现在大夫祭泰山，算哪门子事，成什么体统！实在，像三桓（三家都是鲁桓公的子孙，所以也称为三桓）那样的行为，只能予人粗陋的印象，活像一个希望把钞票挂满全身，金银珠翠顶戴一头的暴发户。他们唯恐别人不知道他有钱、有势，所以常弄些特别的点子，来哗众取宠，以满足个人的虚荣心。

孔子病了，病得一天一天厉害起来，子路让门人用家臣的名义以预备丧事。后来孔子的病好一点了，说："仲由的诈伪真使人痛心！我根本没有家臣，却要装作有家臣的样子！我骗谁？我骗天吗？"[7]孔子曾经有大夫的身份，此时孔子已经离职去位，治丧就不该有家臣，子路这么做，当然是为了尊重孔子，但是没有却装有的诈伪行为，是孔子最痛恨的，所以孔子并不领子路的情。

颜渊死了，门人想要厚葬他，孔子说："不可以！"弟子们还是厚葬了颜渊。孔子说："颜回把我看作父亲一样，我却不得把他看成儿子一样。厚葬并不是我的意思，是几个同学的主张！"⑧而颜渊的父亲颜路，也曾要求孔子把车做颜渊殡时的椁，（见《先进》篇）于礼，士的殡礼，根本用不到"椁"。由这些事例，可见越分僭礼的歪风也吹到了孔门，难怪孔子要以"非礼勿视，非礼勿听，非礼勿言，非礼勿动"应颜渊的问仁，孔子是在提醒门人：勿犯非礼、动无非礼，就能达到仁！可见守礼的重要。

实在，"君子之德，风；小人之德，草。草上之风，必偃！"【见《颜渊》篇。朱注："上，一作尚；加也。偃，仆也。"】像季氏那样鲁国大权一把抓的重臣，其一举一动，自然产生极大的影响力，而他们违礼越分的举动，对国家的危害是很大的，所以孔子再三痛斥他们的行径！

子曰："觚不觚，觚哉！觚哉！"【觚，一种有棱角的酒器。朱注："不觚者，盖当时失其制而不为棱也。觚哉觚哉，言不得为觚也。"】（《雍也》）

孔子说："是觚却没棱没角，那怎么叫作觚！那怎么叫作觚！"

子曰："事君尽礼，人以为谄也！"（《八佾》）

孔子说："一个人谨敬地照着礼事君，世人却认为这是向君上谄媚！"

礼制器物尽皆失礼，在一个重视礼的人看来，是多么痛心的事情！社会上有一种人，他们自己不做好事，还不喜欢别人做好事。真莫名其妙！真无可奈何！孔子说："国君赐酒而臣子拜于堂下，这是礼。现在，臣子都只在堂上拜谢，实在不恭。我宁可违背众人，还是坚守拜于堂下的礼！"⑨普通人不能明辨是非，既可叹又可笑。人必须有道德的勇气，礼不可废，即便是违众也要守礼。

仔细想想：我们为什么要读书？是为了解决吃饭问题吗？卖劳力也能解决吃饭问题。民生问题是国家最大的问题，也是最容易解决的问题，但这个问题之所以难于解决，不在问题本身，而在人心的多欲。因为人吃了还想吃得更好，穿了还想穿得更好，有了黑白电视想彩色的，有了照相机想摄影机，问题大了、烦恼多了，解决这些问题，就需要知识。

知识使我们能够辨是非、明善恶，知道什么该做、什么不该做？怎么做最合理？曾经在报上看了这么一段：一个船家要找个伙计，来了两个年轻人应征，船主人看两个人都很不错，因此难于取舍。老板娘要船家把这事交给她办。她要两个年轻人坐下，自己回身下厨煮了两碗面，很干的、没汤水的、又盛得高高的！两碗干面端到了两个年轻人面前，老板娘又舀来了一大勺滚汤，对着高耸的面堆浇下去，汤溢流下来：一个年轻人用舌头舔，唯恐汤流到桌上；另一个却眼疾手快抓起筷子挑起面条，松它几下。好了，结果是不必说的。这个例子当然很粗浅，不过知识的力量，从这个粗浅的例子已经显现出来。

《荀子·荣辱》："仁义德行，常安之术也，然而未必不危也；污僈突盗，常危之术也，然而未必不安也。故君子道其常，小人道其怪。"【杨倞注：僈，当为"漫"，漫，亦污也。突，陵触也。】君子与小人的分别就在于知识的有无。一个没有知识的人，看见卑鄙偷盗，富厚累世，不免道其怪、行其危。

朔是中国农历每月的头一天。告朔是天子把一年十二个月的朔政（历书）布告诸侯的仪式。告朔的饩羊，是每个诸侯国预备下以招待天子颁历的使臣的生羊。这个对"告朔之饩羊"的说法，乃是根据刘台拱的《论语骈枝》提的。虽然这个说法许多注家不赞成，但有一点我们可以确切知道："告朔"是一种礼，"饩羊"是为"告朔"而设的。孔子时"告朔"礼已经废止，那么因"告朔"礼而设的"饩羊"，自然没有再设的必要，所以子贡主张去掉。

在我们看来，孔子这种实实在在的人，对这种设得无意义的饩羊，应该主张去掉；但是，孔子却说："赐也，你舍不得那羊，我却舍不得那礼！"【《八佾》篇：子贡欲去告朔之饩羊。子曰："赐也，尔爱其羊，我爱其礼！"爱，是吝惜、舍不得的意思。】孔子难道不知道空设饩羊的毫无意义吗？但是如今天子政令施行

145

不下去，诸侯国差不多什么事都擅作主张，本来普天下的土地，都是天子的土地，普天下的人，都是天子的子民，自周王室从东迁以后，天子的势力衰落，诸侯本是天子分封的，如今天子反得诸侯们"多多支持"了！想到这些，还有什么心情去计较一只饩羊呢！孔子对礼仪败坏的惋惜心情，我们可以从"爱礼"的话，体会一二。

子曰："恭而无礼则劳，慎而无礼则葸【xǐ，畏惧貌】，勇而无礼则乱，直而无礼则绞【绞，急切也】。"（《泰伯》）

孔子说："一个人，恭敬而不合礼，必是徒劳而失仪；谨慎而不合礼，往往因过分小心而畏缩不前；勇敢而不合礼，便近于暴乱；率直而不合礼，就显得急切。"

子曰："能以礼让为国乎，何有？不能以礼让为国，如礼何！"（《里仁》）

孔子说："能用礼让的道理来治国，对处理政治就没有什么困难了！不能用礼让的态度治国，那怎么样对得起'礼'！"

在孔子的心目中，礼是人生一切行为的规范。人的行为依礼而行，就中规中矩，否则必定弊病丛生。孔子以后的大儒荀子，特别重视礼，他以为人生"食饮衣服，居处动静"，由礼则合节，不由礼则百病丛生。人的"容貌态度，进退趋行"，由礼就雅，不由礼就野。至于"治气养心之术"，无不由礼而生。（见《修身》篇）显然荀子以为礼是人生规范、人生修养的准则，是个人立身处世所应守的规范。《左传·隐公十一年》："郑庄公曰：礼，经国家，定社稷，序民人，利后嗣者也。"【经，是治理的意思。序，本意是秩序，引申为条理的意思。后嗣，指后代子孙。】孔子认为礼让才能治国，荀子认为"国无礼则不正"（《王霸》），"足国之道，节用裕民，而善藏其余。节用以礼，裕民以政。"（《富国》）显然礼在儒者的心目中该是今日伦理学、社会学、法学、经济学、政治学的综合。难怪孔子说："能从书本上广求知识，而以世间最大的道理——礼为纲维，行为便不会有过失了！"⑩实在，"读书如游山，浅深皆有得。"我们常说"开卷有益"，当然，选择好书的重要性是不必说的。在今天印刷术这么发达、出版业如此兴旺的情形下，书的品类太多，选书读更是门学问。我们如果肯读书，当然多少都可以获益，但是，如果我们知道我们所要寻觅的是什么，并时时以这个目标为读书的中心，内心自然不至驳杂丛生。比如，我们现在想了解海底生物的生态，那么我们在找书和读书时，自然就以这个目标为中心，凡是跟这个目标没关联的材料，我们都可暂时舍弃。

孔子以为一个人应该广求知识，并且从所求得的知识中，剔除可疑的部分，以建立德行的准则。荀子认为，"人无礼则不生，事无礼则不成，国家无礼则不宁。"（《修身》）礼是人生道路上最重要的道理。

子曰："质胜文则野，文胜质则史，文质彬彬，然后君子。"[11]（《雍也》）

孔子说："一个人如果实质胜过文采，那么，就显得粗野；文采胜过实质，那么，就是虚有其表。一个人能兼有实质和文采，便成为一个君子了。"

我们为人处世，每每会发生偏差，不是太过，就是不及。事实上这都是毛病，因为过犹不及！所以孔子特别重视"中庸"的德行。四书里还有《中庸》，可见在中国人的思想中，"中庸"之道的分量有多重。"喜怒哀乐之未发谓之中，发而皆中节谓之和。"（《中庸》）一切喜怒哀乐的感情都是蕴涵于其中的，如果表现出来，并能表达得中规中矩就是和。而人人中规中矩，社会自然就和睦融洽，所以中庸是天下最好的德行。

中国人凡事讲中庸，长辈告诉我们：话不要说得太过、福不要享过头、乐极则悲生，都是在强调"极之而衰"的道理。在孔子看来，质胜文、文胜质，都是有缺陷、令人遗憾的。我们也许可以说"质"是内在美，"文"是外在美，如果一个人满腹学问，却蓬头垢面、不修边幅，不是很令人遗憾的事吗！

嵇康是竹林七贤之一，他的学问很好，诗文都有一手，可是他自己承认："头面常一月十五日不洗，不大闷痒，不能沐也。"⑫想想，一个人头面常一月十五日不洗，是什么德行！现在美容院、整形医院林立。爱美本是人的天性，修饰门面也是正当的道理，古代女人不是还讲究妇"容"吗！不过这修饰只是把自己弄得"停停当当人人"、整整齐齐、干干净净，不让别人眼睛受罪、鼻孔受气、心里作呕，其实这也是做人应该有的礼貌，西方人把最好的衣服留着进教堂时穿，也是为了对上帝表敬意吧！但是一个人如果把自然的身体，填填补补，弄成个人工脸孔，就违反自然，不自然了。想想，十八岁的脸孔，五十岁的手，七十岁的声音，多可怕，多滑稽！所以太不修边幅固然叫人受不了，太做作也一样叫人受不了。

　　棘子成曰："君子质而已矣。何以文为！"子贡曰："惜乎！夫子之说君子也。驷不及舌！文犹质也，质犹文也。虎豹之鞟，犹犬羊之鞟。"⑬（《颜渊》）

　　棘子成说："一个君子只要有实质就可以了。何必要文呢？"子贡说："可惜呀！棘大夫您关于君子的说法呀！话一出口，就算有四匹马也追不回来！文和质是一样重要的。[如果没有文的不同，君子、野人就不容易区别。]虎豹的革和犬羊的革看起来不是一样吗？"

文和质哪一样更重要，还真是个有争论的问题。不过，以人讲起来，文采（外在）的求全比较容易，而实质（内在）的充实比较困难。东坡有诗亦云："腹有诗书气自华。"一个人只要内在充实，自然会散发出一种不可外求的文华。似乎实质比文采重要了，那么子贡的话，又怎么说？子贡举虎豹犬羊的例子，只是为了驳倒棘子成"何以文为"的问题，而不表示子贡重文采（那么相对的就是轻实质喽！）的意思。子贡不是说："文犹质也，质犹文也"吗！实在！文质彬彬才是令人向往的！

　　子曰："礼云礼云，玉帛云乎哉？乐云乐云，钟鼓云乎哉？"【郑曰："言礼非但崇玉帛而已，所贵者安上治民。"马曰："乐之所贵者，移风易俗，非谓钟鼓而已。"】（《阳货》）

　　孔子说："礼呀礼呀！难道就是说的玉帛吗？乐呀乐呀！难道就是说的钟鼓吗？"

　　林放问礼之本。子曰："大哉问！礼，与其奢也，宁俭；丧，与其易也，宁戚。"⑭（《八佾》）

　　林放请教行礼时最重要的原则是什么？孔子说："你这个问题很了不得，很有意义！在礼上，与其太奢侈，不如太俭省；在丧事上，与其工于节文熟习，不如真心哀戚。"

子曰："奢则不孙，俭则固。与其不孙【孙，音义同'逊'】也，宁固【固陋】！"（《述而》）

孔子说："一个人奢侈了就难免不谦逊，太省俭了就显得固陋。与其显得不谦逊，不如显得固陋！"

子曰："以约失之者鲜矣。"【郑曰："约，俭。俭者恒足。"】（《里仁》）

孔子说："因为俭约而犯了过失的，是很少的！"

子游曰："丧致【极尽】乎哀而止。"（《子张》）

子游说："居丧只要能尽了哀思也就够了。"

前面我们说过，儒家所谓的礼，其实包含一切人生规范，至于玉帛酬酢，那实是礼的末节。乐的意义在于行而乐之，移风易俗，至于敲钟撞鼓，那只是乐的形式。摆样子，人人会，把握精神，就难得多。因此形式主义泛滥，人们做事只求表面、不管内涵，所以林放要问行礼的原则。林放的问，反映了他对这种不合理现象的关切与忧虑，所以孔子认为问得有价值。而孔子的答更具价值。

当然，"中庸"不过两个字，但是要做得不偏不倚，实在不是易事。所以孔子提出了最重要的原则指示："礼，与其奢也宁俭；丧，与其易也宁戚。"奢和俭，都未得中道，奢侈的祸害是不必讲的，但因俭约而生过失的却很少。孔子把握住了这一点，才有了这样的谈话。

办丧事，只要尽了哀思也就够了，形式，是为了借以适度地表达哀思——我们说适度，是因为"毁不灭性"（《孝经》）。如哀毁过度，以致伤生，也不合度。如果舍本逐末，只重形式，既流于奢侈，又没有把握处理丧事的精神，这自是孔子所反对的。

玉帛酬酢、敲钟击鼓，是形式，对人来说是很重要的事——没有这些怎么表达礼、乐？但也只是末事，就好比仪容对人来说是很重要的事——谁不重视自己和旁人的仪容？但终究也只是末事而已。

有子曰："礼之用，和为贵。先王之道，斯为美。小大由之，有所不行。知和而和，不以礼节之，亦不可行也。"⑮（《学而》）

有子说，"在礼的实际运用上，以能调和损益、斟酌得中为贵。先代传下来的道理，最可贵的就是依礼行事。不过我们如果大大小小的事情都要死板地照着礼做，有时候就行不通。[所以

152

我们必须用和,] 但若知道和的重要而一味用和而不用礼来节制,那也是不行的。"

我们总觉得天下很少有一成不变的道理。"多子多孙多福多寿"是中国的老观念,《诗经》的《螽斯》和《麟之趾》就是颂美他人子孙昌盛的诗篇。而今人却说"两个孩子恰恰好"!

人在变,时代在变,价值观念也就不断跟着变。古人说"一饭足以饱我腹,一衣足以饰我躬"。现在人却满嘴:营养!时髦!看看书摊上印刷精美的食谱和时装杂志,我们不得不说时代变了。有人说了:吃饱就够了,遮体就行了,营养?时髦?浪费!奢侈!浪费吗?奢侈吗?古代人穴居野处,现代人华厦广居;古代人茹毛饮血,现代人食必精美;古代人但求遮体,现代人要赶潮流;古代马车木船,现代人飞机轮船汽车摩托车。

乍看起来,古人俭今人侈——文明带来了奢侈,因此有人反文明厌奢侈,法国的卢梭、俄国的托尔斯泰,还有前一阵子在美国大行其道的嬉皮士,都是这一类人。比如我们的十大建设,每一样都是很费钱的,那该算得浪费啦?!但是我们车行高速公路,多么稳捷;那车阵一个接着一个,受惠的人何止千万,这不是浪费、奢侈,这是文明。又如,前一阵子举行文艺季、音乐季、戏剧季,也用了不少钱,多浪费!可是这个活动在带给人们正当的休闲生活、带动社会欣赏艺术的风气上,效果是无形而广大的,这是文明,不是奢侈。

我们觉得支配钱财的艺术是怎么样用钱,而不是怎么样省钱。

有的事用了很多钱，但效果广远、受益者多，就用得值得；即使耗费不算太多，但不生善果，转生恶果，就是奢侈，就不当用。晋朝的王戎既贵且富，但他是出名的吝啬鬼：他的侄子结婚，他给了一件单衣——后来还跟他侄子要了回来！他女儿嫁给裴頠，跟他借了点钱，女儿回来，他脸色很难看，女儿赶快还了钱，见了钱，脸色才放开！

晋时石崇是出名的奢侈爷：每一次请客，都叫美人向客人敬酒，客人不能干的话，就斩美人。王武子家的蒸猪特别肥美，和平常的味道不同，原来这猪是人奶喂大的！穷奢极侈、兼荒唐之至！虽然俭很少带来过失，但太俭就是啬，就不合情理，钱是用的，不是看的，但用得不得当，就要生出麻烦。

礼，就是使一切都合情合理的规范。可是时代变了，许多事物、观念也跟着变了，如果一切毫不变通地依礼而行，自然有行不通的。在古代用麻布制冕，这是礼、是向来的成例。孔子时人们都用丝制冕，看起来华丽美观而又省工易成，孔子就不从旧礼而从众。可见孔子并不一味固执！

国君赐酒臣子拜于堂下，乃是正礼，可是孔子时臣子都只在堂上拜谢，这实在是简慢不恭，孔子宁可违背众人，还是坚守拜于堂下的礼——以礼节之！【《子罕》篇：子曰："麻冕，礼也；今也纯，俭：吾从众！拜下，礼也；今拜乎上，泰也：虽违众，吾从下！"《说文》："冕，大夫以上冠也。纯，丝也。"】孔子的学生观察孔子得的印象，认为在孔子身上找不到"意、必、固、我"的毛病。【《子罕》篇：子绝四：毋意，毋必，毋固，毋我。这里的"毋"通"无"。意，是臆测，凭空乱想。必，期必也。固，固执。朱注："我，私己也。"无我，是没有私心。】实在，孔子是最不固陋、最通情达理的人！

子曰："人而不仁如礼何？人而不仁如乐何？"【包曰："言人而不仁，必不能行礼也。"】(《八佾》)

孔子说："一个不仁的人，怎么样行礼？一个不仁的人，怎么样作乐？"

孔子这话可能还有一层意思：一个不仁的人，即使行礼作乐也没有什么用处。我们觉得做人难，而仁正是做人最大的道理，只要我们实实在在从日常小事做起，只要我们以己思彼，常存爱心，就能做到仁。礼是正正当当的道理，只要我们扎扎实实地做，不好高骛远、不图虚表！那么就已经合礼了。《孟子·离娄下》：

君子所以异于人者，以其存心也。君子以仁存心，以礼存心。仁者爱人，有礼者敬人。爱人者，人恒爱之；敬人者，人恒敬之。有人于此，其待我以横逆，则君子必自反也：我必不仁也，必无礼也，此物奚宜至哉！其自反而仁矣，自反而有礼矣，其横逆由是也。君子必自反也：我必不忠。自反而忠矣！其横逆由是也。

君子曰：此亦妄人也已矣。如此则与禽兽奚择哉！于禽兽，又何难（nàn）焉？⑯

人和人相处要以爱心、以敬意，不过有时我们虽再三反省，自觉无愧于心，而对方"横逆"如一，那么这个人只能算是"妄人"！和禽兽相去不远！"人之所以异于禽兽者几希！"人和禽兽所不同的，只在"存心"而已！而"在知道美德是什么的人中间，美德才是美德。"对于一个"妄人"，又有什么可计较的！孟子"存心"两字，说得最好。只要我们行为的动机是善意的，只要我们以仁、以礼为行为动机，那么我们就已经有了好的开始。余下的是我们切切实实、正当合理的行为了，能这样自然能够仁至礼行、情文俱尽了。

① 大庙的大，音 tài，汉石经作"太"。包曰："大庙，周公庙。"吴英说："入者，前此未始入而今始入之辞也。""每事问"，当是问不确切知道的事情。鄹，地名，是孔子的家乡。鄹，《说文》和《左传》作"郰"。这里的"鄹人"指孔子的父亲（郰人纥）。

② 齐衰，音 zī cuī。齐，本作"斋"，缉也；用线缝衣服的边叫缉。衰，本作"缞"，丧服，用麻布做、披在身上的。五服中最重的孝是斩衰，斩，是不缉，衣服边是不缝的；齐衰是次于斩衰的孝服。这里以"齐衰"指有丧服的人。朱注："冕，冠也。

衣，上服；裳，下服。冕而衣裳，贵者之盛服也。"瞽者，瞎子。包曰："作，起也。趋，疾行也。此夫子哀有丧、尊在位、恤不成人。"

③ 皇疏："谓者，评论之辞也。季氏，鲁之上卿也。"是。向来注家都以为指"八佾舞于庭"的事，但是，如果"是"指舞八佾，那么"孰"也应指事言，但是经传里"孰"都是指人的，所以这章里的"是"，似当指季氏。是，就是"是人"。马曰："佾，列也。天子八佾，诸侯六，卿、大夫四，士二。八人为列，八八六十四人。鲁以周公故，受王者礼乐，有八佾之舞。季桓子僭于其家庙舞之，故孔子讥之。"佾，音 yì。

④ 朱注："三家，鲁大夫孟孙、叔孙、季孙之家也。《雍》，《周颂》篇名。彻，祭毕而收其俎也。天子宗庙之祭，则歌《雍》以彻。是时三家僭而用之。"案：俎，音 zǔ，祭器，用以载牲。"相维辟公，天子穆穆"，是《雍》诗中的两句。相，助也。维，语词。包曰："辟公，谓诸侯及二王之后也。"穆，本是"和"的意思，这里用"穆穆"形容天子安和的样子。奚，何也。

⑤ 马曰："旅，祭名也。礼，诸侯祭山川在其封内者。今陪臣祭泰山，非礼也。"陪臣，意同重臣。鲁君是周天子的臣，季氏是鲁君的臣，所以是天子的陪臣。马曰："救，犹止也。"包曰："神不享非礼。林放尚知问礼（案：这章之前即'林放问礼之本'章。），泰山之神反不如林放耶？"曾，意同"乃"。曾谓，就是"难道说"。

⑥　僭，音 jiàn。《说文》：假也。《玉篇》引作"儯"也。段氏云："以下儯上，僭之本义也。"我们说僭越，就是僭冒名义踰越其分位。僭礼，就是行礼时不依分位，僭冒名义。僭号，就是越分用较尊的名号。

⑦　《子罕》篇：子疾病，子路使门人为臣。病间，曰："久矣哉由之行诈也，无臣而为有臣。吾谁欺？欺天乎？……"包曰："疾甚曰病。""子路使门人为臣"，朱注："夫子时已去位，无家臣。子路欲以家臣治其丧，其意实尊圣人，而未知所以尊也。"《广雅·释诂一》："间，愈也。"病间，就是病好了一点。郑曰："孔子尝为大夫，故子路使弟子行其臣之礼。"刘疏："为即是伪；无臣而伪有臣也。""久"应该作疚。（见毛子水先生《论语今注今译》）

⑧　《先进》篇：颜渊死，门人欲厚葬之。子曰："不可！"门人厚葬之。子曰："回也，视予犹父也，予不得视犹子也。非我也，夫二三子也！"朱注："丧具称家之有无，贫而厚葬，不循理也。故夫子止之。"

⑨　《子罕》篇：子曰："拜下，礼也；今拜乎上，泰也：虽违众，吾从下！"皇疏："下，谓堂下也。礼，君与臣燕，臣得君赐酒，皆下堂而再拜，故云：'拜下，礼也。'周末（案：指周朝末年），臣得君赐酒，但于堂上而拜，故云：'今拜乎上，泰也。'"

⑩　《雍也》篇：子曰："君子博学于文，约之以礼，亦可以弗畔矣夫。"文，说是"则以学文"的"文"，是指用文字记载的

书籍。约，本有约束的意思，这里是说用礼为纲维、以礼为主旨。郑曰："弗畔，不违道。"

⑪ 《先进》篇："先进于礼乐，野人也"的"野人"朱注训为"郊外之民"，就是乡下人。乡下人质朴少文，这章的野就含有质朴的意思。包曰："史者，文多而质少也。彬彬，文质相半之貌也。"

⑫ 见嵇康《与山巨源绝交书》。巨源是山涛的字，他做吏部侍郎的时候，推荐嵇康来代替他的职位，嵇康便写了这封信和山巨源绝交。信中举出必不堪者七，甚不可者二，以明他不适合做官的性情。朋友贵相知，山巨源不能了解嵇康的性情而举他自代，所以只好与他绝交。文中很可见出魏晋名士的某种派头。沐，是洗头。

⑬ 棘子成是卫大夫，当时称大夫为"夫子"。一车四马叫作驷，因此四匹马也叫驷。驷不及舌是"过言一出，驷马追之不及！"（郑注）现在我们说"一言既出，驷马难追"，就是根据这里所说的。《诗经·韩奕》传："鞹，革也。"《说文》："兽皮治去其毛曰革。"鞟同鞹。虎豹皮所以比犬羊皮贵，是因为毛不同；君子之所以不同于野人，是文采不同。如果说只要质不需文，那么虎豹、犬羊的皮全去了毛，则虎豹的革和犬羊的革又有什么不同！如果只要质不需文，那么君子和野人又何以分别！"犹犬羊之鞟也"，"也"字依皇本、正平本。

⑭ 郑曰："林放，鲁人。"朱注："易，治也。孟子曰：易其

田畴。在丧礼，'易'则节文习熟而无哀痛惨怛之实者也；'戚'则一于哀而又不足耳；礼贵得中，奢易则过于文，俭戚则不及而质：二者皆未合礼。然凡物之理，必先有质而后有文。则质乃礼之本也。"

⑮ 礼是相传的节文，和是斟酌得中、调和损益。斯，指礼。"小大由之、有所不行"，是"和为贵"的理由；"之"亦指礼。皇疏："人若知礼用和而每事从和，不复用礼为节者，则于事亦不得行也。所以言'亦'者：沈居士云，'上纯用礼不行：今皆用和亦不可行也。'"

⑯ 横，音 hèng；难，音 nàn。朱注："横逆，谓强暴不顺理也。物，事也。由，与'犹'同。奚择，何异也。又何难焉，言不足与之校也。"

第六章

政者——正也

季康子问政于孔子，孔子对曰："政者，正也。子帅以正，孰敢不正？"

——《论语·颜渊》

孔子一生的事业在教学，而他的理想却是政治。孔子眼见列国纷乱，民不聊生，所以周游天下，希望能够在政治上一展抱负，使天下太平。他跑遍了各国发现：事与愿违，因此他想到用教育来达到移风易俗的目的，同时造就一批新的政治俊才，投入政治，发挥扭转乾坤的作用。因此，孔子有一套完整的政治哲学：

子曰："为政以德，譬如北辰，居其所，而众星共之。"①（《为政》）

孔子说："用德行来处理政治，就像天的北极，它静静地在那儿而满天星斗都环绕它运行。"

孔子这话可分两层意思："为政以德"和"居其所而众星共之"，"德政"是儒家最重要的政治理想。我们下面会仔细讨论；这里要先说的是无为的政治态度。老子说："治大国若烹小鲜。"烹小鱼的手续越少越妙，弄点油一煎就成了，如果要刮鳞、去鳃、剖肚，那鱼必定糜烂！治国若烹小鲜，是说政治上越简单越好。

我们看如今有民法、刑法等等，但是犯法者却层出不穷，这

162

真应了老子所谓"法令滋彰，盗贼多有"！老子以为"我无为而民自化"！提倡端拱而居，无为而治。

孔子以为古代君王中以尧舜最可敬，他们"无为而治"，"恭己正南面而已矣"，【《卫灵公》篇：子曰："无为而治者，其舜也与！夫何为哉？恭己、正南面而已矣！""恭己、正南面"，就是"为政以德"的意思。古代的君王坐北朝南，所以说正南面。南面，就是面南、向南、朝南。】他们使"民无能名焉"②！在政治上，孔子提出了一个重要的说法：居其所而众星拱之！所以叶公问政，孔子告诉他说："使近人欢悦，使远人来归。"【《子路》篇：叶公问政。子曰："近者说；远者来。"说，音义同"悦"。】是欢悦、是来归，而不是攻城略地、杀伐无已！

季康子问政于孔子。孔子对曰："政者，正也。子帅以正，孰敢不正！"③（《颜渊》）

季康子向孔子问政的道理。孔子问答说："政，就是'正'，你自己先依着正道做，那谁敢不依着正道做呢！"

"政者正也"可以说是从古以来最好的政治格言。孔子一切政治思想，都以这个观念为基础：自身"正"了，众星才会拱之，无为而治的理想才能实现，以"正"为"政"，"为政以德"的理想才有指望。否则只有严刑峻法、大开杀戒，搞恐怖政治！

季康子就曾以"杀无道以就有道"向孔子讨教。孔子回答他："搞政治何必用杀呢！你自己本身喜欢好事，大家就会做好事了。在上位的就像风，老百姓就像草。草，如果风来吹它，一定随风而倒。"④俗语说："上梁不正，下梁歪。""一个在上位的人，本身做得正当，就是不下命令，老百姓也会做；本身做得不正当，就是下命令，老百姓也不会听。"【《子路》篇：子曰："其身正，不令而行；其身不正，虽令不从。"】

季康子对盗贼感到伤脑筋，向孔子请教。孔子回答说："如果你自己无贪欲，就是奖赏人去偷也没人去偷。"【《颜渊》篇：季康子患盗，问于孔子。孔子对曰："苟子之不欲，虽赏之不窃。"《说苑·贵德》篇："上之变下，犹风之靡草也。民之窃盗，正由上之多欲；故夫子以'不欲'勖康子也。"】

《韩非子·外储说左》上有这样的记载：齐桓公喜欢穿紫色的衣服，因此全国人都穿紫。当时，紫布贵得离谱。桓公很为这件事伤脑筋，对管仲说："我就是爱穿紫衣服，现在紫布贵得要命，全国人还拼命穿紫衣服，我怎么做才好呢？"管仲说："您想阻止这种歪风，何不试试：您先别穿紫衣服。您对左右的人说：'我好讨厌紫的臭味。'左右的人正好有穿紫衣服的，您一定要说：'退后点！我怕紫臭！'"桓公听了管仲的话只好应着："好吧！"当天，办公厅没人穿紫了。第二天，国都内都没有人穿紫了。三天后，齐国境内没人穿紫了。这真是《诗经》上说的："不躬不亲，庶民不信。"

有一段时间，台湾流行穿青年装，各机关纷纷以青年装为制服，这多少和经国先生常穿着公开露面有关系吧！依据《史记·孝文本纪》的记载：汉文帝在位二十三年期间，宫室苑囿、狗马服御，都没有添加什么！曾想建露台，一估价得黄金一百斤。文帝说："这黄金百斤差不多是中等人家十家的家产。我承受先帝宫室，常怕辱及先帝，建什么台啊！"文帝常穿厚绸衣；最受宠的慎夫人，都不许衣长拖地（古代衣裳以长为美，衣长拖地才好看！）；帏帐不许文绣。这许许多多的"不许"，也只为了表示"敦朴"——敦厚朴实，以为天下表率。治霸陵，全用瓦器，不得用金银铜锡为装饰，不治坟，为的是省俭不侵扰百姓。⑤一位皇帝对自己生平和身后事，都尽量弄得省俭，影响所及，自然很大。

武帝是一位有雄才大略的君主，尤其对付北边的匈奴很有成绩，这种成就是府库充实所带来的。如果不是先帝自奉节俭为国家积存了财富、厚植了国力，大汉声威又岂能远播。想来孔子说的，"如果自己做得正，那对政治还有什么难处！如果自己不正，那怎么能够正别人！"【《子路》篇：子曰："苟正其身矣，于从政乎何有！不能正其身，如正人何！"】是很有道理的。

荀子体认君的重要性，"君者，仪也，仪正而景正。君者，盘也，盘圆而水圆。君者，盂也；盂方而水方。"【见《君道》篇。仪，指仪容。景，音义同"影"。盘，盘也。盂，盛饮食的器皿。】君处于一国的最高领导地位，他的行为可以为天下的表率。政治

165

为清、为浊，端视原清、原浊，而"君者，民之原也。"(《君道》)

荀子认为：为国以修身为先，【《君道》篇：请问为国。曰：闻修身，未尝闻为国也。】君不但是政治体系中的主脑，也是社会教化的仪范，他既需具备政治才能，又身兼道德化身；他是治之原，也兼教之本，荀子经常"君师"并称、"圣王"同举，正是他以"道德纯备、智惠甚明""备道全美"责君理念的表现。荀子这一种重视君德的政治理论，显然是孔子"政者正也"理论的流衍。

子曰："道之以政，齐之以刑，民免而无耻；道之以德，齐之以礼，有耻且格。"⑥(《为政》)

孔子说："用政治的道理来教导百姓，用刑罚来齐一他们，这样，百姓可以苟免刑罚而没有羞愧之心。用德化来教导百姓，用礼教来齐一他们，这样，百姓不但有羞耻心而且能改过向善。"

"礼之教化也微，其正邪也于未形，使人日徙善远罪而不自知也。"(《礼记·经解》)礼的作用，在邪恶未形已止其祸，在恶念未萌已去其根，使民"不自知"而改过迁善。礼是禁于将然之前，是儒家的礼，干涉的意味较少。

孔子以为法治虽能产生吓阻的作用，但这只是表面功夫——使人不敢为非作歹，只有礼治才能在潜移默化中使一个人根本不想为非作歹！当然，《周礼》上有"刑乱国用重典"的话，而在一些满脑子"以法为教"（《韩非子·五蠹》）的法治主义者、法律万能的信徒看来，德化礼治是不足恃的。

在外国，英国人霍布斯以为人性是忌妒、猜忌、虚荣，一切以利己为出发点，"人人相争，混战一团"。强有力的约束自然是不可缺的，德国人康德也从人性的"根本恶"论法律的不可缺。事实上孔子并不排斥法治："礼乐不兴，则刑罚不中。"（《子路》）可见孔子也以礼与刑并论。

到了孟子主张"徒善不足以为政，徒法不能以自行。"（《离娄上》）他认为礼法不能偏废，对礼、法的看法更趋折中。汉朝缇萦救父的故事，我们很熟悉，缇萦上书后，汉文帝曾下诏：

> 盖闻有虞氏之时，画衣冠、异章服以为僇，而民不犯。何则至治也。今法有肉刑三，而奸不止，其咎安在？非乃朕德薄而教不明欤！吾甚自愧。故夫驯道不纯，而愚民陷焉。《诗》曰："恺悌君子，民之父母。"今人有过，教未施而刑加焉，或欲改行为善，而道毋由也。朕甚怜之。夫刑至断支体、刻肌肤，终身不息。何其楚痛而不德也。岂称为民父母之意哉！其除肉刑。[⑦]

文帝的诏命，完全是一位仁君的德政。重典不是不能用，但那是在国家特别乱的时候，是不得已的下策，而且也不是长久之计。因为法治天下的理论基础，在利用人的畏惧心理，如果人不

167

怕呢？那么法就不能发挥治的功能了。而处罚太重太频，久了，人也就疲了，"民不畏死，奈何以死惧之！"（《老子》）法虽然可以较快速、有效地带来治平（尤其是在乱世），但是法律不是万能的，德化效果虽慢，但效果却是根深蒂固的。一个国家要维持长久的治平，除了法的审慎运用外，礼治德化是必须一步步推行的。

子曰："听讼，吾犹人也。必也，使无讼乎！"（《颜渊》）

孔子说："审理讼案，我也和别人一样。要说我和别人有什么不一样的，那就是，我想使世间没有讼事！"

孟氏使阳肤为士师，问于曾子。曾子曰："上失其道，民散久矣。如得其情，则哀矜而勿喜。"⑧（《子张》）

孟氏任命阳肤做法官，阳肤向曾子请教。曾子说："国家政治不上轨道，老百姓心里早已没有法纪的观念了。你如果查出案子的实情，不要因为查出罪人就沾沾自喜，你应该要怜悯那个罪人。"

一个政治家应该以仁心、善意为出发点，不能把老百姓都当贼防，把周围的人都当假想敌。一个人做人的"存心"最要注意，而一个政治家要管理众人的事，他的举止影响深广，所以尤其要重"存心"！

孔子说"使无讼"，曾子说"哀矜而勿喜"，宅心多么仁厚！态度多么磊落！我们读文帝的诏命，感受的也就是这些。孔子说"道之以政"的话，不过是说礼治优于法治，不过是为"政者，正也"做脚注。礼治的效果较长久，这是礼治优于法治的理由，但是礼治做起来较难也较费时；法治的效果快，但其威力却有时而穷，礼治和法治能调和运用，才是孔子所希望的。看来世间极少有十全十美的东西！香花差不多都是素白的，而色彩艳丽的花多半不香。只有玫瑰又美艳又香甜，堪称色、香、味俱全，可偏又多刺！

子路曰："卫君待子而为政，子将奚先？"子曰："必也正名乎！"子路曰："有是哉，子之迂也！奚其正？"子曰："野哉由也！君子于其所不知，盖阙如也。名不正，则言不顺；言不顺，则事不成；事不成，则礼乐不兴；礼乐不兴，则刑罚不中；刑罚不中，则民无所措手足。故君子名之必可言也，言之必可行也。君子于其言，无所苟而已矣。"⑨（《子路》）

子路说："卫国国君等老师去替他处理政事，老师打算先做什么？"孔子说："那我一定先要纠正一切不当的名义。"子路说："有这等事，老师真迂阔呀！这有什么可正的！"

孔子说："仲由真鄙俗！一个君子对他不知道的事，是不乱说的。名义不正，那么言词上就不能顺理成章；言词上不能顺理成章，那么事情就做不成；事情做不成，那么文教就不能推行；文教不能推行，那么法律不能得当；法律不能得当，那么老百姓就不知怎么做才好。所以君子用了一个名词，一定能言之成理；说出一句话，一定是能行得通的。一个君子对他的话，要做到不随便的地步才算。"

这是孔子的正名主义。"君君、臣臣、父父、子子"（《颜渊》）这就是"政"。政的道理，只是一个"正"字。一个国君"居上不宽、为礼不敬、临丧不哀"；【《八佾》篇：子曰："居上不宽，为礼不敬，临丧不哀，吾何以观之哉！"郑曰："居上不宽，则下无所容；礼主于敬、丧主于哀也。"】一个臣子事君不能"敬其事而后其食"，【见《卫灵公》篇。《周礼·天官冢宰·医师》注："食，禄也。"《礼记·儒行》："先劳而后禄。"】君没有君之实、臣没有臣的样，"君不君，臣不臣"，名实不能相符，言行不能相当，政治一片混乱，结果是虽有粟，不得食！父不慈、子不孝，父没有父之实，子没有子的样，"父不父、子不子"，名实不能相符，言行不能相当，家庭罩上阴影，结果是父子相怨、兄弟阋墙！

孔子的正名，实有寓褒贬、别善恶的意义。荀子以为正名在"道行而志通"（《正名》）使人志意相喻而达到治之极，以成就治道，这是儒家传统的正名说。

子适卫，冉有仆。子曰："庶矣哉！"冉有曰："既庶矣，又何加焉？"曰："富之！"曰："既富矣，又何加焉？"曰："教之！"【朱注："庶，众也。"】(《子路》)

孔子到卫国，冉有替孔子赶车。孔子说："人民不少呀！"冉有说："人民已经很多了，次一步应该怎么办呢？"孔子说："使他们富足！"冉有说："人民富足了，再下一步又该怎么办呢？"孔子说："教育他们。"

哀公问于有若曰："年饥，用不足，如之何？"有若对曰："盍彻乎！"曰："二，吾犹不足，如之何其彻也？"对曰："百姓足，君孰与不足？百姓不足，君孰与足？"【《尔雅》："谷不熟为饥。"盍，何不。彻，十分取一的税法。二，十分取二。】(《颜渊》)

哀公问有若道："年成不好，国家财用不够，该怎么办？"有若回答说："何不行彻法？"哀公说："十分取二，我还不够，怎么还能行彻法呢？"有若答道："百姓如果富足了，君上怎么会不足？百姓如果不足，君上怎么会足？"

"子适卫"章虽是一段简单的问答，但却很有意义。儒家先富后教的治国政策，最早见于这一段谈话里。政治上有一个重要的道理：藏富于民。荀子就说："下贫则上贫，下富则上富。"

（《富国》）一个搞政治的人，如果与民争利，多事搜刮聚敛，必至民贫国乱！那么孔子要声讨冉求的道理[⑩]，我们就可明白了。后来的儒者，像孟子、荀子，对于先富后教的治国道理，都大加发扬。《孟子·梁惠王上》：

> 无恒产而有恒心者，唯士为能。若民，则无恒产，因无恒心，苟无恒心，放辟邪侈，无不为己。……是故明君制民之产，必使仰足以事父母，俯足以畜妻子，乐岁终身饱，凶年免于死亡。然后驱而之善，故民之从之也轻。

士是指读书人，读书人知义理，即使穷，还能固穷守贫。至于一般百姓，如果家无恒产，不知义理，可能因穷斯滥，什么都做得出来。我们说饥寒起盗心，就是这个道理。所以一个明白道理的国君，一定要满足人民维持基本生活的要求，然后再让他们学好。

在衣食不周、三餐不继的情形下，要百姓们学好，他们是听不进去的。毕竟，怎么样活下去才是人生最大的问题！如果不管百姓死活，只高唱教育论调，那是不切实际的做法。所以荀子也说：

> 不富无以养民情，不教无以理民性。故家五亩宅、百亩田，务其业而勿夺其时，所以富之也。立大学、设庠序、修六礼、明十教，所以道之也。诗曰：饮之，食之；教之，诲之。王事具矣。（《大略》）

有一点我们必须弄明白：孟荀所说的"富"，都是从维持百姓基本生活来说的。古代由于自然资源和人力资源没有充分开发，所以可资利用的物质就少。《孟子》书中说"五十者可以衣帛"、"七十者可以食肉"，吃肉是大事！这真实地反映出那时人民的生活水平。丰年乐岁还可维持，一到凶年饥岁，就野有饥民、壑有饿莩。孟荀都希望政府能发挥力量，保民爱民，使百姓不致因自然的灾害而维生困难甚至丧命！

如今，物资充裕，人们生活富足，只要勤劳，是不会忍饥受冻的，更不会饿死人、冻死人。照理说，应该人人知理义，但是社会上为什么抢案、偷案、经济犯罪案，层出不穷？这些人是没饭吃吗？这些人差不多都是出汽车、入洋房，美食华服的阔人呀！所以我们现在的问题不在富之，而在教之！学校、家庭、社会，都应该负起教育的责任。我们平常说：比上不足，比下有余。

是的，如果在物质享受上，我们都能以这种态度处理，那么就能人人知足、社会常乐。如果一个人看见满街"跑天下"，就想到只有我跑路；看见大捆钞票，想的是就没一张是我的！那么盗心一生，便天下大乱！在我们现在这个社会中，人们追求的已经脱离了基本的生活问题，在觅求更高的生活质量，如果不能发挥教育的力量，则笑贫不笑娼者有之！持"拿到手就是我的"的想法者有之！这种作为的人，自不能以孔、孟、荀的话为护身符。

子贡问政。子曰："足食，足兵，民信之矣。"子贡曰："必不得已而去，于斯三者何先？"曰："去兵。"子贡曰："必不得已而去，于斯二者何先？"曰："去食。自古皆有死，民无信不立！"⑪（《颜渊》）

子贡问政治上要特别注意的事。孔子说："粮食充足，军备充实，人民信任政府。"子贡说："在不得已的情况下，要在三样中去了一样，哪一样可以先去掉？"孔子说："去了军备。"子贡说："在不得已的情况下，要在两样中去了一样，哪一样可以先去掉？"孔子说："去了粮食。从古以来，人都有一死；人民如果不信任政府，那么人民对政府必没有贞固的志操、追随的决心！"

民以食为天！足食当然重要。孔子讲仁、恕，怎么还提倡足兵、强调武力？荀子的《议兵》篇对这个问题讲得最好：

"仁者，爱人。义者，循理。然则又何以兵为？"孙卿子曰："非女所知也。彼仁者爱人，爱人，故恶人之害之也。义者循理，循理，故恶人之乱之也。彼兵者，所以禁暴除害也，非争夺也。"⑫

"议兵"并不是提倡暴力，以广土众民、杀伐争战为事，而是禁暴除害。我们深觉：对付暴力只有以力止暴；消弭战争只有以战

174

止战。中国的武字最有意思：止戈会意成"武"，阻止战争、消灭暴力，才是"武"！有人说：我爱和平，所以反对战争；我爱人类，所以不做军人！这是一种似是而非的论调。试想人人逃避战争、拒绝杀生，那么暴力必更嚣张、战争必更频繁，死伤必更惨重。越南战争就是殷鉴：对敌人仁慈，就是对自己残忍！我们要说，军备是国防的长城，足兵当然重要。蚂蚁可以啃噬巨蟒，而蟒只有颤抖！群众是可怕的！搞政治的第一要务，就是立信于民，使人民对政府有信心。

在《史记·商君列传》里，有一个非常有意思的故事：话说秦孝公接受了商鞅的建议，实行变法。这是一种大革新、大变动，为了慎重，虽然一切都准备周全了，但新法一时还没公布。商鞅唯恐百姓不信，会对新法掉以轻心、不当回事，于是在国都南门边，竖了一根三丈木，当众宣布：谁能将其移到北门，奖十金！【秦以一镒为一金；汉以一斤为一金。二十两（另一说为二十四两）为一镒。】百姓觉得事情怪怪的，没人有兴趣。商鞅又宣布了：能移的给五十金！有一个人壮着胆子移了——重赏之下必有勇夫！就给了五十金！——没白拿！唉！以表明政府说话算数，这才下达了新法。结果，商君推行新法得到了很大的成功。

哀公问曰："何为则民服？"孔子对曰："举直错诸枉，则民服。举枉错诸直，则民不服。"【举，举用。直，本是正直的意思，这里是指正直的人。错，意同"措"，安置的意思。枉，本是邪

曲的意思，这里指邪曲的人。】(《为政》)

哀公问道："怎么样做人民才会服？"孔子回答说："把正直的人举出来加在邪陋的人的上面，人民就服了。把邪陋的人举起来加在正直的人的上面，人民就不服了。"

子路问政。子曰："先之，劳之。"请益。曰："无倦。"【朱注："苏氏曰：凡民之行，以身先之，则不令而行；凡民之事，以身劳之，则虽勤无怨。""无倦"的"无"音义同"毋"。】(《子路》)

子路问为政的方法。孔子说："你要身先百姓，为民表率。你要为民服务，不避辛劳。"子路请孔子再告诉他一些。孔子说："只要不懈怠就行了。"

子张问政。子曰："居之无倦，行之以忠。"【朱注：居，谓存诸心。无倦，则始终如一。行，谓发于事。以忠，则表里如一。】(《颜渊》)

子张问为政的道理。孔子说："居官不可懈怠，行事必须忠诚。"

子曰："道千乘之国，敬事而信，节用而爱人，使民以时。"⑬(《学而》)

孔子说："治理一个千乘之国，对事要谨慎不苟且，并且对人民有信用；节省用度，并且尽力爱护百姓；用人民出力，要选最合适的时候。"

季康子问："使民敬、忠以劝，如之何？"子曰："临之以庄，则敬；孝慈，则忠；举善而教不能，则劝。"【使民敬忠以劝的"以"，而也。劝，是劝勉的意思。】（《为政》）

季康子问道："怎么样才能使人民诚敬、效忠并且奋勉向上？"孔子说："在上位的人要严肃地面对人民，那么人民就诚敬；在上位的人能够孝亲慈幼，人民就会效忠；在上位的人能够举用好人而教导才质差一点的人，人民就会奋勉向上。"

政治是处理众人的事务，众人的事务多端，所以政治是复杂的。一个搞政治的人自然必须具备多方面的修养，才能应付庞杂的事务。上面我们说：为政首要取信于民。怎么样取信于民？为政自然要用人，在用人上能处理得当，就能取信于民。中国的政治思想家，像孔子、荀子、韩非子都很讲究用人。儒家的政治理想是圣主贤臣，什么样的主算圣主？

子曰："禹，吾无间然矣！菲饮食而致孝乎鬼神；恶衣服而致

美乎黻冕；卑宫室而尽力乎沟洫。禹吾无间然矣！"⑭(《泰伯》)

孔子说：一句话就能使一个国家灭亡，那句话就是：一个做国君的认为，为君的最大乐趣就是：没人敢违背我的话！人主如果利用自己众人之上的地位，随心所欲，那么国家必坏。一句话可以兴邦，如果懂得为君难，那么人主虽位处极尊，若能克制私欲，就可以兴邦安国。【见《子路》篇】禹的了不起之处，就在于他能克己，能节用爱民——平常人要克制自己的私欲都不容易，何况是一位想怎么样就能怎么样的国君！

> 子谓子产："有君子之道四焉：其行己也恭，其事上也敬，其养民也惠，其使民也义。"(《公冶长》)

子产是郑国的大夫公孙侨，他是孔子所敬重的人。孔子批评使齐桓公霸于天下的管仲时说："焉得俭？""管氏而知礼，孰不知礼。"(《八佾》)其实对管仲，孔子还是略有微词的，但对子产却称誉有加，子产死了，孔子听说后流着泪说："古之遗爱也。"子产自可当得贤臣。他自己立身谦恭，事君敬谨，养民以惠爱，使民合乎义。他是君、民间的桥梁，上达、下行，居之无倦，行之以忠。

"一人有庆，兆民赖之。"这句话可以充分说明孔子的政治思想。政治是福利万民的事业，不是作威作福的工具。兆民所赖的是：一人有庆！是圣主、是贤臣！所以孔子的政治思想重点在

178

"人"。好人自然能把事做好，事情做好了，人民自然受惠。孔子再三讲"善人为邦"（《子路》），就是这种思想的外现。孔子提倡教育，是为了培养"君子"以爱民（《阳货》）；表彰尧舜，是以古圣王为仪范，以达风从响应之效。但是，"人心唯危"，【语见《尚书·大禹谟》。孔传："危则难安。"】何日见"天下太平"？

①　为政，意同"搞政治"。德，指教化，对刑罚、威力而言。朱注："共，音'拱'，亦作'拱'。北辰，北极，天之枢也。居其所，不动也。为政以德，则无为而天下归之，其象如此。"

②　《泰伯》篇：子曰："大哉尧之为君也！唯天为大，唯尧则之。荡荡乎，民无能名焉！巍巍乎，其有成功也。焕乎，其有文章！""唯天为大"上，各本有"巍巍乎"三字，今依《孟子》所引删。朱注："焕，光明之貌。文章，礼乐法度也。"这里的文章意同"文化"。

③　孔子用"政"的读音"正"来解释"政"，这种方法叫"声训"。朱注引范氏曰：未有己不正而能正人者。

④　《颜渊》篇：季康子问政于孔子，曰："如杀无道以就有道，何如？"孔子对曰："子为政，焉用杀！子欲善而民善矣。君子之德，风；小人之德，草。草上之风，必偃！"朱注：为政者，民所视效。何以杀为！欲善则民善矣。上，一作"尚"，加也。偃，仆也。

⑤　囿，是古代皇帝打猎游赏的地方，里面养了牛马林木。

汉时称囿为苑，有上林苑。御，指御用之物，是皇帝所用的东西。露台，是古时候观察天文气象的高台。《诗经·大雅·灵台》，是记载周文王时筑台的情形。霸陵，陵名。（陵是天子冢的名。）本是霸上地（今陕西长安县东，地居霸水之上，故名），汉文帝筑陵葬此，因此称"霸陵"。古代人对茔葬，看得很重。我们看《史记·秦始皇本纪》所载始皇茔墓的情形，始皇葬在骊山。他初就位，就开始穿治骊山，等并合了天下，居然征召了天下七十多万人，挖了好深好深，水都涌出来了，又用铜塞住。那坟里是宫室城楼、百官奇器，应有尽有。为了防盗坟，工匠设计了机关，只要挖坟接近就会有箭弹（tán）射出来。用水银为百川江河大海、上具天下、下具地理。用人鱼膏为烛，那是长明不灭的灯！始皇死后，他的儿子二世说："先帝后宫，无子的，将来放出宫也不相宜，都叫他们殉葬吧！"死了很多！后来又想设计坟内机关的工匠，什么都清楚，唯恐秘密外泄，就把他们都禁闭其中。坟，《礼记·檀弓》："古也墓而不坟。"注："土之高者曰坟。"始皇坟高五十余丈！汉文帝不治坟，可见其俭！

⑥　朱注："道，犹引导，谓先之也。政，谓法制禁令也。齐，所以一之也，道之而不从者，有刑以一之也。免而无耻，谓苟免刑罚而无羞愧。盖虽不敢为恶，而为恶之心未尝忘也。礼，谓制度品节也。格，至也。言躬行以率之，则民固有观感而兴起矣。而其浅深厚薄之不一者，又有礼以一之，则民耻于不善而又有以至于善也。一说：格，正也。书曰：格其非心。"案：格训

"正"似较妥。

⑦　盖，是不定的词，相当于现在的"大概"、"好像"。画衣冠、异章服以为僇。僇，通"辱"。大舜时，人民犯了罪，只是给他穿上特别的衣服，作为象征性的刑罚。肉刑三：墨刑（刺字在脸上）、劓（音yì，割鼻）、剕（音fèi，断足）。奸，为奸者，为非作歹的人。咎，过也。安，何也。"其咎安在"，是说"毛病在哪里？"朕，古代皇帝自称。驯，《汉书·刑法志》作"训"。"诗曰"见《大雅·泂酌》。颜师古曰："言君子有和乐简易之德，则其下尊之如父，亲之如母也。""道毋由"的"毋"通"无"。息，生也。终身不息，是说一生一世也不会再生，不会恢复。

⑧　包曰："阳肤，曾子弟子。士师，典狱之官。""问于曾子"是"阳肤问于曾子"。马曰："民之离散，为轻漂犯法，乃上之所为，非民之过。当哀矜之，勿自喜能得其情。"

⑨　正，马曰："正百事之名。"盖阙，双声连语，《汉书·儒林传》："疑者丘盖不言。"不言所不知为"丘盖"；"盖阙"，义同"丘盖"。盖阙如，是阙疑的样子。

⑩　《先进》篇："季氏富于周公，而求也为之聚敛而附益之。"子曰："非吾徒也！小子鸣鼓而攻之可也。""季氏富于周公"以下十七字当亦是孔子的话，记孔子谈话的人把它放在"子曰"前以为事由。如果这十七字不是孔子的话，而是记《论语》的人的话，就不当称名"求也"而当称字"冉有"才对！郑曰："小子，门人也。鸣鼓，声其罪以责之。"

⑪　兵，本义是兵器，引申为指用兵器的人，这里的"兵"指一切军备言。"民信之矣"的"矣"，是衍文（多余的字）。孔子举出为政该注意的事是三样：足食，足兵，民信之。所以子贡说："于斯三者何先？"如果有这个"矣"字，那么，孔子的话成了：足食，足兵，那么人民就信任了。足食，足兵的结果是"民信之"。然而，孔子所举不过二事，子贡怎么说"于斯三者"？显然这个"矣"字是多的。不过，传世的《论语》在这个地方都有"矣"字，所以我们在经文上也只好保留，译文则不译出。立，似有安定的意义。（参毛子水先生《论语今注今译》）

⑫　孙卿子，即荀子，荀子名况，字卿。古代典籍里，荀子有作孙字而称之为孙卿的。荀字之所以作孙，有人以为是避汉宣帝（宣帝名询）的讳而为后人所改，也有人以为孙荀二字古音相同，本可通用。女，通"汝"。

⑬　道，音义同"导"。古代兵车一乘（辆），戎马四匹，甲士三人，步卒七十二人，衣炊樵汲厩养二十五人，所以一辆兵车，就有一百人。千乘之国是指可以出一千辆兵车，有十万兵力的国家。使民以时，以，依也。

⑭　《孟子·离娄上》："政不足间也。"赵注训间为非，是"非议"、"批评"的意思。《经传释词》："然，犹焉。""吾无间然矣"是"我对他没有什么批评的了！"菲，薄也。黻冕，祭祀时的礼服礼帽。沟洫，田间水道。

182

第七章

各言其志——较轻松的一面

　　颜渊、季路侍，子曰："盍各言尔志。"子路曰："愿车马、衣裘，与朋友共，敝之而无憾。"颜渊曰："愿无伐善，无施劳。"子路曰："愿闻子之志。"子曰："老者安之，朋友信之，少者怀之。"

　　　　　　　　　　　　　　　　——《论语·公冶长》

颜渊、季路侍，子曰："盍各言尔志。"子路曰："愿车马、衣裘，与朋友共，敝之而无憾。"颜渊曰："愿无伐善，无施劳。"子路曰："愿闻子之志。"子曰："老者安之，朋友信之，少者怀之。"①（《公冶长》）

　　颜渊和子路陪侍在孔子的旁边。孔子说："你们何不各人说说自己的志愿。"子路说："我愿意把我的车、马、衣、裘和朋友共同享用。就是用坏了，我也不怨恨。"颜渊说："我希望能不矜夸自己的好处，不把烦难的事推到别人身上。"子路说："我希望听听老师的意思。"孔子说："我要使老年人觉得安舒，使朋友对我信赖，使少年人对我怀念。"

　　我们觉得《论语》是中国古代最早，且写作技巧颇成熟的散文作品，其中除了极少数资质不高的弟子的记载外，其他都能以最省简的篇幅作最丰富的记述。以本章来说：开头的简洁叙述，把读者引入一种单纯、祥和的气氛中。空气回荡着沉寂，孔子说话了："盍各言尔志！"子路马上不假思索地回答了，颜渊也说了，子路却要老师也说说看——颜渊就不会这么做，这一问子路的勇气全跃然纸上。

子路所愿是一个义气十足的角色，大有李白《将进酒》中"五花马，千金裘，呼儿将出换美酒"的慷慨。颜渊愿"无伐善"，我们想颜渊之所以德行好，这恐怕是个主要的原因。"满招损，谦受益。"态度谦逊，自然易引起别人的好感，并较有机会得到别人有益的指导。因此无论德行，识见都会渐渐改善，所以说"谦受益"。颜渊愿"无施劳"，就是"己所不欲，勿施于人"的一端。这是恕的行为，仁的表现。

子路、颜渊的志愿，都不是常人能及的。但是，比之孔子，却显得渺小了。因为孔子的愿望是使普天下的人都能"各得其所"，也就是《礼运·大同》所描绘的"老有所终，壮有所用，幼有所长，矜寡孤独废疾者皆有所养"的天下一家、世界大同的太平景象。

子路、曾皙、冉有、公西华侍坐。子曰："以吾一日长乎尔，毋吾以也。居则曰'不吾知也'，如或知尔，则何以哉？"②子路率尔而对曰："千乘之国，摄乎大国之间，加之以师旅，因之以饥馑，由也为之，比及三年，可使有勇，且知方也。"夫子哂之。③"求，尔何如？"对曰："方六七十，如五六十，求也为之，比及三年，可使足民。如其礼乐，以俟君子。"④"赤，尔何如？"对曰："非曰'能之'，愿学焉。宗庙之事，如会同，端章甫，愿为小相焉！"⑤"点，尔何如？"鼓瑟希，铿尔，舍瑟而作，对曰：

"异乎三子者之撰。"子曰："何伤乎？亦各言其志也。"曰："暮春者，春服既成，冠者五六人，童子六七人，浴乎沂，风乎舞雩，咏而归。"夫子喟然叹曰："吾与点也！"[6]三子者出，曾皙后。曾皙曰："夫三子者之言何如？"子曰："亦各言其志也已矣！"曰："夫子何哂由也！"曰："为国以礼，其言不让，是故哂之。""唯求则非邦也与？""安见方六七十如五六十而非邦也者？""唯赤则非邦也与？""宗庙会同，非诸侯而何？赤也为之小，孰能为之大。"[7]（《先进》）

子路、曾皙、冉有、公西华，陪孔子坐着。孔子说："你们可能因为我年长一点而不敢说话，不要这样！你们平常老说'没人知道我'，如果有人知道你们，你们要怎么做？"

子路马上回答说："一个拥有千辆兵车的国家，夹在大国中间，有强敌压境，又是连年饥荒，如果让我来治理，三年就能使百姓勇敢作战，并且知礼懂法。"孔子笑了笑。

"求，你怎么样？"冉有回答说："六七十里见方或五六十里见方的国家，让我来治理，三年就能使百姓富足。至于推行礼乐的事情，只有等待有德行的君子了。"

"赤，你怎么样？"公西华回答说："我不敢说我能做什么；我只是很希望学习。友邦朝聘和诸侯盟会，我希望穿着礼服、戴着礼帽，作一个小小的摈相！"

"点，你怎么样？"曾皙有一声没一声地弹着瑟，[听了孔子问他]，他铿地一声放下瑟，站起来答道："我不像他们三位那么有作为。"孔子说："那又有什么关系呢！这不过是各说各的心愿罢了。"曾皙说："晚春时节，[脱下旧冬衣，]换上单袷衣，和五六个青年、六七个少年，渡过沂水，在雩坛上放声高歌，然后一路唱着回来。"孔子叹道："我倒欣赏点呀！"

子路、冉有、公西华三个人都出去了，曾皙落在后面。曾皙说："他们三位的话怎么样？"孔子说："这不过是各说各的志向罢了！"曾皙说："老师为什么笑仲由呢？"孔子说："治国应该用礼，他说话的态度不谦让，所以笑他。""那求就不是讲到治国吗？""难道六七十里见方或五六十里见方还不算是一个国家吗？""那赤就不是讲到治国吗？""朝聘和盟会，不是诸侯的事情却是什么？如果赤只能当个'小相'，那谁能当得了'大相'呢！"

这是《论语》里最长、最美的一段文字。因为"夫子何哂由也"句用"夫子"一词，因此清朝的崔述认为这章可疑[⑧]，崔述的怀疑自有他的道理。但是既有《公冶长》里规模的"言志"，则在孔子生前就不一定没有像本章这种较大规模的座谈会。要说文字经后人修饰、润色，那是难免的。事实上，现在《论语》的本子，可能大部分都是战国时才写定的。既经战国时人的手，则偶然出现弟子当面称孔子为"夫子"的地方，亦不足怪！

场上人物：五；配乐：稀疏的瑟音。镜头缓缓推向孔子，孔子说话了。子路急切地答了。孔子笑了笑。然后冉有、公西华说。"点，尔何如？"背景音乐渐大，镜头对准鼓瑟的曾晳。"铿！"瑟声停了。四周死寂。对话又开始了……熬过了寒冷的冬，大地又恢复了生气；人们抖落了瑟缩，投向大自然的怀抱，春服多么轻快，春风多么温柔，青年、少年，属于春的一群，登上那高高的祈雨坛，拉开嗓门放声高歌，一路唱着回来！难怪孔子欣赏，我们也心向往之了。这段文字，显然经过了刻意的经营：急躁的子路、慢条斯理的曾晳，强烈的性格冲突增加了文字的可读性，制造了特别引人兴味的气氛。曾晳冷眼看众生，而瑟音流露着无奈……

① 《孔子家语》："仲由一字季路。"侍，卑者在尊者之侧叫侍。盍，何不。尔，当"汝"、"你"讲。裘，是皮衣。"衣裘"，各本作"衣轻裘"，轻字是衍文。衣、裘，都是名词。敝，意同坏；之，指车马衣裘。朱注："憾，恨也。伐，夸也。""无伐善，无施劳"，孔曰："不自称己之善，不以劳事置施于人。""老者安之"三句，"之"指"老者"、"朋友"、"少者"。这三句原句该是："安老者，信朋友，怀少者。"这三句话的意思是：使老者安，使朋友信，使少者怀。

② 孔曰："晳，曾参父，名点。"刘疏："上篇或言侍，或言侍侧，此独言侍坐，明四子亦坐也。"孔曰："女无以我长故难对。"如或知尔，"或"义同"有"。

③ "率尔"，皇本作"卒尔"。古多用卒为猝，就是突然、马上的意思。摄，夹也，郑曰："方，礼法也。"马曰："哂，笑也。"

④ 刘疏："方六七十里者，谓国之四竟（境）以正方计之有此数也。"《经传释词七》："如，犹与也，及也。《论语·先进》曰：'方六七十，如五六十'，又曰：'宗庙之事如会同。''如'字并与'与'同义。"

⑤ 胡绍勋《四书拾义》："宗庙之事，祭祀在其中，独此经不得指祭祀，宜主朝聘而言。"这章的会同，就是春秋时诸侯的盟会。端，玄端，古代的礼服；章甫，古代的礼帽。

⑥ 鼓，动词，弹奏也。孔曰："铿者投瑟之声。"作，起身。曾点原来坐着，老师有问，所以起身站立回答。《释文》："撰，郑作'僎'。读曰诠；诠之言善也。"暮春，义同"晚春"。古礼男子二十加冠，冠者相当我们说的"青年"，童子就是少年。浴是洗身。在北方暮春三月坚冰未解，根本不可能浴。《论衡》释浴沂（沂，水名）为涉（渡水）沂，真是一个聪明的讲法。虽然证据不足，但这个讲法最好、最合理，译文就依据这个说法译出。雩，音 yú，求雨的祭叫雩。这里的"舞雩"指祈雨的祭坛。"吾与点也"朱注："夫子叹息而深许之。"

⑦ 包曰："礼贵让，子路言不让，故笑之。"

⑧ 《洙泗考信录二》："凡'夫子'云者，称甲于乙之词也，春秋传皆然，未有称夫子于甲而曰'夫子'者。至孟子时，始称甲

于甲而亦曰'夫子'，孔子时无是称也。称于孔子之前而亦曰'夫子'者，盖皆战国时所伪撰，非门弟子所记。"

一、过而不改——是谓过矣

春秋时的晋灵公很没国君的样子：他厚敛民财却用来装饰宫殿廊阁；他从高台上用弓弹打人，看人避弹丸为乐（真不像话！）；宰夫（厨子）煮熊掌不酥烂，就杀了放在草筐里，让女人用车推着经过朝上，让大家看、叫大家怕！赵盾、士会等人见到露在外边的手，问了原委，他们忧虑极了，决心要好好劝劝国君。他们准备轮番上阵，士会先去。国君一看见士会，就知他的来意，立刻说："我的过失我知道了，我会改的。"这急急先说，并不是认错，只是不让士会开口絮叨，这招使的是：以认过为护过。人家认都认了，还能说吗？士会无奈，明知他不会改，也只好叮咛一番："人谁无过，过而能改，善莫大焉！"[①]可不是！人谁无过？圣人也会犯错[②]！

子曰："人之过也，各于其党。观过，斯知仁矣！"[③]（《里仁》）

孔子说："人的过失，和他的品性有关。我们观察一个人所犯的过失，就知道这个人是不是仁了！"

古时，郑国有一位夫人到市场买了鳖回来，过颍水时，她觉得鳖可能渴了，就放它喝水，就这样丢了她的鳖。④如果有人责备她，那就是怪她的心太好了！

秦末，各路英雄并起，司马欣率秦兵战，不胜，降项羽。项羽认为秦军心不稳，恐怕坏事，就在新安城南连夜坑杀了秦降兵二十余万人！⑤缺德呀！居然杀已经投降了的人，而且一口气解决了二十多万人！我们现在常听见长辈叹：今不如古！孔子也有这种感叹：

"古者民有三疾，今也或是之亡也。古之狂也肆，今之狂也荡；古之矜也廉，今之矜也忿戾；古之愚也直，今之愚也诈而已矣。"⑥（《阳货》）

狂、矜、愚自然是人的毛病，但是古代犯这些毛病的人还是有可取之处的：狂人肆志进取，矜持的人廉洁自守，愚钝的人本质朴实。孔子时，有这些毛病的人却一无可取：狂妄的人放荡而没有拘检，矜持的人乖戾多怒，愚钝的人就只有诈伪。真是世风日下，人心不古！

子曰："过而不改，是谓过矣。"⑦（《卫灵公》）

孔子说："如果犯了过失不改，那就真是过失了！"

子夏曰："小人之过也，必文。"⑧（《子张》）

子夏说："小人犯过失，一定会想法掩饰。"

子贡曰："君子之过也，如日月之食焉：过也，人皆见之；更也，人皆仰之。"⑨（《子张》）

子贡说："君子的过失，就像日蚀、月蚀一样：他有缺陷、过失，大家都看得见；他一改过，大家仍旧仰望他。"

我们觉得：人既然免不了犯错，那么我们从一个人对自己所犯过失的态度，也可以判断一个人的品德。有一种人总是说："我没有错！"还理直气壮的。事实上，这句"我没有错"，就错了！一个人不虚心检讨，率而说自己没错，这种态度就要不得。既没错，当然无所谓改过；要不就多方掩饰——这文过最费事，经常弄得欲盖弥彰。而为了掩饰一个过失，又得犯许多过失，多累呀！文过就没有改过的心，所以小人终为小人。

另有一种人，知道错了，也想痛改前非，但是毅力不够，心有余而力不足，不久，又故态复萌。也许有同学常迟到吧？自己也明知不是个好习惯，老师也责备，而每次都信誓旦旦：我要早起，我不迟到。过没几天，妈妈叫了，好，被窝再躺五分钟！好累！再躺三分钟！再……

孔子夸颜回"不贰过"，这"不贰过"需要相当的自制和毅力才能做到。还有一种人，不会掩饰自己的过失，所以大家都能看见他的过失。不过，"过而改之，是不过也！"【语见《韩诗外传》】既已改过迁善，大家也都能看见。"过而能改，善莫大焉！"这就是君子之所以为君子。

战国时翩翩四公子中，魏公子信陵君是太史公胸中得意人物。太史公写孟尝君、平原君、春申君列传都称某某君，独《信陵君列传》一篇中称"公子"有一百四十次之多，可见太史公对信陵君的尊崇。信陵的礼贤下士固然令人赞赏，但他还有一种常人不容易达到的德行：改过迁善！我们知道，战国时期是七雄割据的时代，到了战国末年，秦的势力占了优势。秦兵围攻赵国，赵国十分危急，向魏国求救兵——赵公子平原君的夫人是公子的姐姐。魏君受了秦的威吓，令已经动身的救兵停下来，以便看事情发展再作进退。

赵国吃不消秦的大军压境，猛派使者到魏求救，公子不得已偷了魏王的兵符，夺了军队救了赵。事后公子就不敢回魏，留在赵国，十年不归。赵王感激公子，对公子礼敬有加，公子也就不免沾沾自喜，以为做得漂亮。

有人对公子说："事情有不可忘的，也有不可不忘的！别人有恩于公子，公子不可忘；公子有恩于人，希望公子忘了！况且偷兵符夺军队救赵，对赵有功，对魏就不能算是忠臣。您竟然自以为是做了一件漂亮的事，我其实真不赞成您这种态度。"公子听了立刻自责，好像羞愧得无地自容似的。

后来，秦用兵伐魏，魏王急了，派人请公子，公子下令：有人敢替魏王使者通报的：死罪。毛公、薛公两位隐者来了，说："公子在赵被看重，而闻名于诸侯，原因是有魏国在。现在秦攻魏，魏国那么危急而公子却不体念。如果秦打下魏都并夷平了先王的宗庙，到那时，公子还有脸活吗？"话还没说完，公子脸色就变了，要人快备车，赶路回国。毛公、薛公说得精辟，公子信陵做得可爱，可是认错要扯下脸皮，谁不爱面子？改过要有毅力，可是"靡不有初，鲜克有终"！所以孔子也不得不叹："算了吧，我还没有见到一个知道自己的过失而能够自责的人！"⑩

①　事见《左传·宣公二年》。

②　《述而》篇：陈司败问："昭公知礼乎？"孔子曰："知礼。"孔子退，揖巫马期而进之，曰："吾闻君子不党，君子亦党乎？君取于吴，为同姓，谓之吴孟子。君而知礼，孰不知礼！"巫马期以告。子曰："丘也幸！苟有过，人必知之。"

③　朱注，"党，类也。程子曰：人之过也，各于其类。君子常失于厚，小人常失于薄；君子过于爱，小人过于忍。"

194

④ 事见《韩非子·外储说左上》。

⑤ 事见《史记·项羽本纪》。

⑥ 三疾，指狂、矜、愚。"今也或是之亡也"的"亡"，音义同"无"。

⑦ 而，义同"如"。

⑧ 文，是掩饰之意。

⑨ 《说文》："更，改也。"皇疏："日月蚀罢，改暗更明，则天下皆瞻仰。君子之德，亦不以先过为累也。"

⑩ 《公冶长》篇：子曰："已矣乎！吾未见能见其过，而内自讼者也！"包曰："讼，犹责也。"

二、直——邦有道、如矢，邦无道、如矢

"一个人的生存，靠的是正直。如果不正直而能生存着，这可以说是侥幸。"①什么样的行为，算是正直呢？鲁国有个人叫作微生高，别人跟他要一点醋，他不直说自己没有，却向邻居要来给人。这微生高做人是够殷勤的了，可是算不得"直"②。自己没有，为什么不直说！

楚国的叶公告诉孔子："我们家乡有个叫直躬的，他父亲偷了人家的羊，而他去作证。"孔子说："我们家乡所说的直和这不同。父亲替儿子隐瞒，儿子也替父亲隐瞒，直就在这其中了。"③《孝

195

经》上说："父有争子，则身不陷于不义。"父有过，就谏，所以可以免陷于不义。这是事先就防止事情发生，若事情已经发生就得想办法去弥补、收拾。挺身而出，证父之罪，就不合人情。所以孔子带点诙谐的口气，用平常的人情来说明"证父攘羊"不见得就是"直"。

孔子当然不是说攘羊的行为是对的，就因为这行为不好，所以儿子要为父亲隐瞒、遮掩、补过，这是儿子对父亲天生的爱的表现，比如缇萦救父就是一例。父亲若在纯真的爱的感召下，改过迁善，那么"直"就在其中了。《韩诗外传七》："正直者，顺道而行，顺理而言，公平无私，不为安肆志，不为危激行。"

子曰："直哉史鱼！邦有道如矢，邦无道如矢。"④（《卫灵公》）

一个人在任何情况下都顺道而行，顺理而言，坚守自己做人的原则，这就是直。古代齐梁时明山宾家中曾经一度相当穷困，要卖拉车的牛，已经卖了，接了钱，明山宾竟对买主说："这牛曾患漏蹄，治好已经很久了，恐怕以后再犯，不能不相告。"买主一听，立刻把钱要回去，不买了。宁愿牛卖不出去，也要实话实说，这就是直。

当然，耿直也招人烦。东汉范滂因直受谤，身遭"党祸"，三十三岁就被杀。读《后汉书·范滂传》我们真不能不掩卷叹息。

不过正直就像酒，越陈越芳烈，越久越为人所知！古代人乐羊为魏将，攻打中山，乐羊之子在中山，中山君烹了乐羊之子而送来了肉汤。乐羊坐在帐幕下吸啜肉汤，吃完了一杯——这不合情理！魏文侯对堵师赞说："乐羊为我而吃他儿子的肉。"堵师赞说："他连儿子都吃，那谁不吃！"乐羊打下中山回来，文侯封赏他却对他起了疑心。

孟孙打猎得了麑【音ní，鹿子】，让秦西巴带回去，小鹿的妈妈跟着啼哭，秦西巴不忍就放了小鹿。孟孙回来问："小鹿哪里去了？"秦西巴答道："我不忍，把它还给它妈妈了。"孟孙很生气，把秦西巴赶出去三个月之久。后来又召秦西巴来教他自己的孩子。孟孙的御者很不解，问道："从前你对他很生气，现在又召他为傅，这是什么道理？"孟孙说："他连只小鹿都忍不下心伤害，那他会忍心伤害我的孩子吗？"真是所谓"巧诈不如拙诚"【事见《韩非子·说林上》】！

① 《雍也》篇：子曰："人之生也，直；罔之生也，幸而免！"《尔雅·释言》："罔，无也。"之，指直。

② 《公冶长》篇：子曰："孰谓微生高直！或乞醯焉，乞诸其邻而与之。"孔曰："微生，姓，名高。鲁人也。"或，有人。朱注："醯，醋也。"焉，于是。于，向也。是，指微生高。或乞醯焉：有人向微生高要醋。

③ 《子路》篇：叶公语孔子曰："吾党有直躬者，其父攘羊

197

而子证之。"孔子曰："吾党之直者异于是。父为子隐，子为父隐，直在其中矣。"躬，人名，这人以直著名，所以叫直躬。"其父攘羊而子证之"，攘，窃也。子，衍文。证的人就是直躬，不是直躬的儿子。(《韩非子·五蠹》："楚之有直躬，其父窃羊而谒之吏。"可证。)

④　郑曰："史鱼，卫大夫，名鳅。君有道、无道，行常如矢，直不曲也。"《方言》："箭，自关而东谓之矢。"

三、惑——既欲其生、又欲其死

在人生的道路上，我们常会遇到歧途，我们可能误入，也可能及时回头。如果我们能及时回头，则必是因为我们对歧途有所认识。那么什么是"惑"？

子张问崇德、辨惑。子曰："主忠信，徙义，崇德也。爱之欲其生，恶之欲其死，既欲其生，又欲其死，是惑也。"(《颜渊》)

子张请教增进德行、辨明疑惑的道理。孔子说："一切行为以忠信为主，知道什么好的道理或事情就马上去学、去做，这就是增进德行的方法。当人喜欢一个人的时候，就希望他活得好；当人厌恶一个人的时候，就希望他死。如果有一个人喜欢一个人，却做对这个人不利的事情，这就是惑！"

樊迟从游于舞雩之下，曰："敢问崇德、修慝、辨惑？"子曰："善哉问！先事后得，非崇德与！攻其恶，无攻人之恶，非修慝与！一朝之忿，忘其身以及其亲，非惑与！"（《颜渊》）

樊迟跟孔子游观雩坛，说："请问怎样增进德行？怎样改正过失？怎样辨明疑惑？"孔子说："这个问题很好。做事争先、受禄落后，这不就是增进德行的方法吗！严责自己、不责别人，这不就是改正过失的态度吗！因一时之愤，忘了自身而连累了亲长，这不是惑是什么！"

孔子在这两段话里，分别谈到了惑，要想消灭一切愤怒的感情，那几乎是不可能的事。不过我们可以记住："生气却不要犯罪，不可含怒到日落！"蜜蜂在螫人的时候，连生命也赔了进去！一时的气愤，忘了自身而累及亲长，真是大惑不解了！

我们看有的年轻人，血气方刚、好勇斗狠。出了事，上了法庭，连累父母出庭回话，大名也上了报。几年前，两兄弟结伙抢劫公交车，被判死刑，纵老父老泪横流也挽不回两人生命。可恨又可怜呀！年轻人！我们生活在社会中，我们的行为总会引起反应、影响别人，纵使我们不为自己想也该为别人想。

爬山本是好活动，但是一件雨衣、一塑料袋面包，就三五人上奇莱，也未免大胆得过分了。不出事是幸运；出了事，父母亲长着急，得出动多少人去搜救！我们不能只凭一时高兴，说做就做，我们总得想想。人有个脑袋就是用来想的！

"爱得要命，恨得要死"，是人之常情。可是"既欲其生，又欲其死"的事情也不少。比如父母溺爱子女，事事纵容，这自是为了"欲其生"，结果造成子女功课不好、品行不端、身体不好，这和"欲其死"有什么分别？父母当然希望子女"生"，不会希望他"死"，但因为爱的法子不对，便好像同时有两种心理似的，即所谓"既欲其生，又欲其死"，这自然是惑！这只是较常见的事例。其他，我们做事、读书，虽然目标很大、理想很高，但是方法不对，结果往往和初衷相反，这都是惑。

四、交友——忠告而善道之、不可则止

友谊好比甘甜的泉水，滋润人们的心田。当我们成功、快乐的时候，我们希望朋友分享；而当我们失败、悲伤的时候，我们更希望向朋友倾诉。春秋时鲍叔牙和管仲交情很好，他们曾一同在南阳做买卖，叔牙知道管仲能干却贫穷，分红利总是多给管仲一些。后来齐国襄公无道，鲍叔牙事公子小白，管仲事公子纠，出国避乱，襄公死后，小白先回国，登上君位，即齐桓公。公子纠为鲁国人所杀，管仲被囚。鲍叔牙推荐管仲给桓公，管仲相桓

公，霸诸侯，连孔子都说："微管仲，吾其被发左衽矣。"[①]我们倒要说：没有鲍叔牙就没有管仲的一番事业，也可能没有齐桓公的霸于天下了。难怪管仲要说："生我的是父母，知我的是鲍叔牙。"我们到现在还称朋友交情好为"管鲍之交"。真是"典型在夙昔"！古人说："人生得一知己，死而无憾。"可见友情的可贵。

子夏之门人，问交于子张。子张曰："子夏云何？"对曰："子夏曰：'可者与之，其不可者拒之。'"子张曰："异乎吾所闻。君子尊贤而容众，嘉善而矜不能。我之大贤与，于人何所不容！我之不贤与，人将拒我，如之何其拒人也？"[②]（《子张》）

子夏的门人向子张问交友的道理。子张说："子夏怎么说？"答道："子夏说：'可以交的就往来，那不能交的就不要往来。'"子张说："我所听到的却不一样。一个君子应尊敬贤者而包容平常的人，嘉勉好人而哀怜无能的人。我如果是个大贤，对人还有什么不能包容的？我如果是个不贤能的人，人家就会拒绝我，又谈什么拒绝人家呢？"

子曰："益者三友，损者三友。友直、友谅、友多闻，益矣。友便辟、友善柔、友便佞，损矣。"[③]（《季氏》）

孔子说："有三种有益的朋友，有三种有害的朋友。和正直的人交朋友、和诚信的人交朋友、和闻见广博的人交朋友，那是有益的。和徒具仪文的人交朋友、和徒善颜色的人交朋友、和花言巧语的人交朋友，那是有害的。"

孔子也说"无友不如己者"，【见《学而》篇。无，毋也。】这和子夏"可者与之，其不可者拒之"似乎都会产生子张所说的"我之大贤与，于人何所不容；我之不贤与，人将拒我，如之何其拒人"的现象。但是交友有友交（深交），有泛交，子夏主张交益友，而不和有损于我们的人交往，而子张所讲的，只是普通的交际。目的不同，对象自然有异。不过，我们倒觉得交朋友必须选择，除非见一次面就不再来往，否则一回生两回熟，泛交成深交，而深交亦由泛交来。所谓"近朱者赤，近墨者黑"，不可不慎。

子贡问友。子曰："忠告而善道之。不可，则止，毋自辱焉。"（《颜渊》）

子贡问交友的道理。孔子说："朋友有不对的地方，要尽心地劝他并且好好开导他。如果他不听，也就算了，不要自取其辱。"

子游曰："事君数，斯辱矣；朋友数，斯疏矣。"④（《里仁》）

子游说："一个人事君，态度上如果过分急切，就会招来羞辱；一个人交友，如果态度太过急切，就会被疏远。"

要交个朋友不容易，但如果不小心维护，朋友可能会离我们而去。朋友间应该互相关怀、勉励，互为诤友；朋友有不对的地方，我们不能因为怕得罪人而不规劝。话，我们一定要说，因为这才是朋友，而朋友可贵也就在此，但态度上必须讲求"忠告而善道之"，婉言相劝，但"不可则止"，如果对方听不进去也就算了。

中国人讲究"君子之交淡如水"，而公交车后挂的"保持距离，以策安全"也颇有道理。试想朋友间，整天孟不离焦、焦不离孟，必会起摩擦而伤害友情。真正的朋友，并不是整天粘在一起的，而是我们有事时会挺身而出的。朋友之间说说笑话，是难免的，但开玩笑不可开得过火、离谱，而近于狎侮。也许我们觉得好朋友之间说话随便些没关系，但也得有个分寸，如果伤了朋友自尊，友情可能因此而结束。

后人称杜甫为杜工部（杜诗集就叫《杜工部集》），这工部乃是"参谋检校工部员外郎"的简称。杜甫经安禄山造反的变乱，入蜀，投靠节度使严武，工部的职位就是严武给争取的，这以后几年老杜生活安定、心情平静，作了许多好诗。严武待老杜是很好的，可是有次老杜喝醉了，瞪眼说："严挺之（严武父）乃有此儿。"——"严挺之竟然有这种儿子！"于是严武一直怀恨在心，一天竟要杀杜甫，幸亏属下报告了严武的母亲，才阻止了这事，但二人的情谊却破坏无遗了。严武受不得几句话，固然显得没度量，但杜甫不是自取其咎吗！和朋友交往，不可不慎呀！

① 见《宪问》篇。《小尔雅·广诂》："微，无也。"被，音义同"披"。衽，衣襟。被发左衽，当是孔子时夷狄的风俗。

② 这章的"可"有"合适"、"合意"的意思。矜，怜也。包曰："友交当如子夏，泛交当如子张。"

③《说文》："谅，信也。"朱注："友直，则闻其过。友谅，则进于诚。友多闻，则进于明。便，习熟也。便辟，谓习于威仪而不直。善柔，谓工于媚悦而不谅。便佞，谓习于口语而无闻见之实。三者损益，正相反也。"

④ 集解："数，谓速数之数。"

五、使乎！使乎！

子问公叔文子于公明贾曰："信乎？夫子不言，不笑，不取乎？"公明贾对曰："以告者，过也。夫子时然后言，人不厌其言；乐然后笑，人不厌其笑；义然后取，人不厌其取。"子曰："其然，岂其然乎？"① (《宪问》)

孔子向公明贾问公叔文子，说："他真的不言、不笑、不取吗？"公明贾回答说："传话的人说错了。他在该说话的时候才说话，所以别人就不讨厌他的话；他真乐了才笑，所以别人就不讨厌他的笑；他该取的时候才取，所以别人就不讨厌他的取。"孔子说："是这样吗？难道真是这样的吗？"

蘧伯玉使人于孔子，孔子与之坐而问焉，曰："夫子何为？"对曰："夫子欲寡其过而未能也。"使者出，子曰："使乎！使乎！"② (《宪问》)

蘧伯玉差了个人到孔子那里，孔子请他坐，并且问他："你们老爷最近做些什么？"使者回答说："我家老爷想减少他的过失，却还没有做到。"使者出去后，孔子说："这只是个使者吗？这只是个使者吗！"

"刘玄德三顾茅庐"是《三国演义》里很精彩的一段。且看："玄德来到庄前，下马亲叩柴门，一童出问。玄德曰：'汉左将军宜城亭侯领豫州牧皇叔刘备特来拜见先生。'童子曰：'我记不得许多名字！'玄德曰：'你只说刘备来访。'童子曰：'先生今早少出。'玄德曰：'何处去了？'童子曰：'踪迹不定，不知何处去了。'玄德曰：'几时归？'童子曰：'归期亦不定，或三五日，或十数日。[说的也是！]'"这小童说话真有一套，对答如流，不亢不卑，真是孔明家童。

孔融十岁的时候，随父亲到洛阳。当时李元礼颇有盛名，想见很不容易。孔融到了李家门口，对看门的说："我是李府君的亲戚。"通报后，见了面。元礼问，"您和我是什么亲？"孔融回答："从前我的先人仲尼和您的先人伯阳，【老子姓李，名耳，字伯阳。孔子曾向他问礼。】有师资之尊，所以我和您是通家之好。"元礼和宾客都啧啧称奇。太中大夫陈炜后到，别人把孔融的话告诉他，炜说："小时了了，【了了，是指聪慧，晓解事理。】大未必佳！"孔融说："想君小时必当了了！"

孔融的孩子也很聪慧。大的六岁，小的五岁。一天父亲午睡，小的在床头偷酒喝。大的说："你怎么不拜？"答道："偷，哪得行礼！"后来孔融被收捕，大家都很怕，当时孔融的孩子大的九岁，小的八岁，正玩着，一点也不怕。孔融对使者说："希望罪止于我本身，两个孩子能保全吗？"小孩子说了："大人见过覆巢之下，还有完卵吗？"不久两个孩子也被收捕。【见《世说新语》】

说话不容易，要说得漂亮更不易，而位卑的人对位尊的人、晚辈对长辈说话，更是不易。语要谦而不可卑，要有筋骨却不可亢；不亢不卑，恰到好处，话真不是容易说的呀！精诚所感，金石为开。只要实话实说，也就是了。否则花言巧语，骗人一时，却不能骗人一辈子呀！

① 孔曰："公叔文子，卫大夫公孙拔。文，谥。"刘疏："公

明贾，疑亦卫人。"大概公明贾在公叔文子手下做事（蘧伯玉的使者称伯玉"夫子"，公明贾也以"夫子"称文子），所以孔子问他。朱注："文字虽贤，疑未及此。但君子与人为善，不欲正言其非也。故曰其然岂其然乎，盖疑之也。"

② 朱注："蘧伯玉，卫大夫，名瑗。"孔子再言"使乎"是重美之。

六、短文妙趣

子曰："孟之反不伐。奔而殿，将入门，策其马，曰：'非敢后也，马不进也。'"① （《雍也》）

孔子说："孟之反这个人从不矜夸自己的功劳。有一次军败逃奔，他在最后做殿军，将进入国门的时候，他鞭打着他的马，说：'并不是我胆大敢留在后面，是这马跑不到前面去。'"

兵败如山倒，逃命皆争先。孟之反殿后却还来这么一招，这一招证明他"不伐"！《史记·淮阴侯列传》记着：韩信攻下齐后，派人请汉王刘邦封他个临时齐王做做。当时刘邦正被围攻，情绪坏极了。使者到了，打开信一看，火了：

骂曰："吾困于此，旦暮望若来佐我。乃欲自立为王！"张良、陈平蹑汉王足，因附耳语曰："汉方不利，宁能禁信之王乎？不如因而立，善遇之，使自为守。不然变生。"汉王亦悟，因复骂曰："大丈夫定诸侯，即为真王耳，何以假为！"乃遣张良往，立信为齐王。[②]

整个事情的过程不过是"汉王怒、良平谏、乃许之"。如果这么记述，想想还有什么读头？读《史记》每每赞叹刘邦聪明、反应快，不知是太史公用笔入神，才把整个过程呈现得引人入胜。《论语》这章不过二十三字，却活灵活现地把孟之反的形象点了出来。短篇小说是用最经济的文字表现一定的主题，并且突现主角的性格。《论语》"孟之反不伐"章，该是中国文学史上最精简、最早的短篇小说。"文章本天成，妙手偶得之。"真是不错的。

① 孔曰："鲁大夫孟之侧也。"《左传·哀公十一年》："[鲁]师及齐师战于郊。右师奔，齐人从之。孟之侧后入，以为殿。抽矢策其马，曰：马不进也！"伐，是自夸功劳。殿，是军退时断后的军。（现在把得最后一名的称殿军。）

② 旦暮，早晚。若，你。乃，竟。蹑，轻踏、轻踩。因，顺势，张良、陈平轻踩汉王的脚，以引起他的警觉，顺势附耳低语。宁，哪能。遇，待。"何以假为"，韩信表示"愿为假王"，

所以汉王说"何以假为"。"假",是暂代、临时的意思。"何以假为"是说"大丈夫定诸侯,要做就做真王,做什么假王(临时王)!"

七、子在川上曰——逝者如斯夫,不舍昼夜

孔子在一条河旁边,望着滚滚而去的水流,说:"岁月的消逝也就是这样吧!昼夜不停!"是的,"大江流日夜,客心悲未央。"当我们面对浩瀚的宇宙、潺潺的逝水时,能不想到时光的迁流、岁月的消逝?"古人惜寸阴,念此使人惧。"我们能不想到进德修业、自强不息?

《孟子·离娄》:徐子曰:"仲尼亟称于水曰:'水哉!水哉!'何取于水也?"孟子曰:"源泉混混,不舍昼夜;盈科而后进,放乎四海:有本者如是。是之取尔!"[1]伟大的自然,肃穆地启示我们:"造化无情不择物,春色亦到深山中。"【欧阳修《乐丰亭小饮》。无情,无私。造化无私,泽被万物。】启示我们:无私。

春夏秋冬,更迭不已;日月运行,永无止息。启示我们:自强不息!看那滚滚流水,没有怠惰、不会止息。我们学习一个新事物,就面临一个挑战,也许弃甲曳兵而走,也许接受挑战,想法突破——就像水盈科而进,成败就此展现。

孔子一生，给后人留下不灭的典型、永恒的教训。真的是
"天不生仲尼，万古如长夜"。

① 亟，音 qì，频数也。混混，同"滚滚"。科，坎也。放，
至也。

第八章

关于《论语》

一位外国人问我们："你读过《论语》吗？"答案却是："没有。"我们问一位英国的读书人："你读过莎士比亚吗？"答案却是："没有。"这个发问的外国人的反应和我们的想法大概是相同的。中国人也许有不知道老子、庄子、韩非子的，可是不知道孔子的，恐怕不多吧！读书人可能有没读过《老子》、《庄子》、《韩非子》的，可是总读过《论语》吧！孔子是普遍为人所知的人，《论语》是普遍为人所读的书，有关孔子个人，我在这本书的第一部分，根据《论语》的记载有详细的叙述，这里不多加赘述，只把有关《论语》这本书的问题，提出陈述：

一、《论语》在中国经典中的地位

看过《论语》的简洁记叙，再读《孟子》的长篇大论，我们不能不慨叹：百年之间，读书人对写作的心态有如此大的转变！（当然，物质条件的改进，思想界的氛围，也是造成写作形态转变的因素。）《论语》、《孟子》两部书虽有简繁之分，却无妨其为发扬儒家思想的巨著！《论语》只是一些言行的记录，篇幅不多

（白文字数不过 12700 字），文字质朴，可是《论语》却是中国第一好书，是每一个读书人必读，必详读的书。是什么原因使《论语》在浩瀚的古代典籍中得到独尊的地位？

《论语》是一部言行录——孔子的言行录（也有一部分是弟子的言行）。由于孔子在中国思想史的地位，由于孔子被后人尊崇，这部孔子的言行录，遂从"诸子"中被提升为"经"，而成为后人了解孔子最可靠的原始资料。"高论无穷如锯屑，小诗有味似联珠。"王大娘的裹脚布绝不讨好，短小精悍的精简文字反倒使人喜爱。

《论语》的记载虽然简，但简而有趣、简而有味；那趣味是含蓄的、隽永的、耐人寻思的。《论语》不是一部让人一读就迷死，发狠恨不能一口气咀嚼完，读完也就扔一边，永远不会想要再拾起的"畅销书"，《论语》是经过历史的考验，永远有销路的书。孔子一生提倡仁恕、开科授徒、周行列国，思想是多么伟大，志行是何等崇高，可是透过《论语》的简单记载，孔子的思想、志向，就呈现在后人眼前，我们不能不说：《论语》是中国文学中最早最成功的传记书。

二、《论语》的编写

《论语》是什么人写的？什么人编的？东汉班固在《汉书·艺

文志·六艺略》中有所说明：

> 《论语》者，孔子应答弟子、时人，及弟子相与言，而接闻于夫子之语也。当时弟子各有所记，夫子既卒，门人相与辑而论纂，故谓之《论语》。

由此可知，《论语》是孔子和他的门人或时人的谈话，以及门人彼此的谈话记录。原始的记录出于孔门弟子，不过像"子张书诸绅"的情形恐怕不多。我们想以当时书写工具的不便，不知有多少谈话，没有"当时"记录下来。我们现在读到的谈话，恐怕有许多是经过几次的口耳相传才记录下来的。

《论语》的编集，是在孔子殁后。"曾子有疾，孟敬子问之。"孟敬子是孟武伯的儿子仲孙捷，仲孙捷卒后有谥，以中寿计算，当在孔子殁后四五十年。《论语》里已称孟敬子的谥，自然不是孟敬子生前编定的。

《论语》的记录者和编集者，究竟是孔门哪些弟子却不易确指。《经典释文》引郑玄的意见：《论语》乃仲弓、子夏等所撰定。宋代邢昺注疏以为"仲弓"下脱"子游"二字。《论语·先进》有"文学：子游、子夏"的记载，郑玄、邢昺的说法恐怕是据此所作的臆测。当然《论语》中或有他们三位的记录，他们三位也可能参与编集工作，但如果必说《论语》是他们三位撰定的，就不足信。《论语》里述及弟子都称字，但是：

宪问耻。子曰："邦有道，谷；邦无道，谷，耻也！"（《宪问》）

这个记录很可能出于原宪本人，因为称名不称字，这种记述法和《论语》一般的体例不相符。我们想在孔子生前和殁后，孔门中当必有许多人保存着或多或少的孔子的谈话记录，孔子殁后若干年，大家各出所有，去其重复，而成为"全书"。梁代皇侃《论语义疏》以为"论语者，是孔子殁后七十弟子之门人共所撰录也"。这个说法或许接近事实（《论语》里记载孔子的弟子，通常都称字，如"子贡"、"颜渊"[字上加氏]。只有"有若"、"曾参"称"子"；如"有子"、"曾子"。宋程子以为，《论语》书成于有子、曾子的门人，所以《论语》里独称这两人为子。这似是一种可信的说法）。

我们现在所见到的篇目，当不是编定《论语》的人所起的。这些篇目，都是采用每篇开头的两字或三字而成。（《孟子》、《诗经》的篇目都是这样的。）我们想，第一，可能由于教授《论语》和讽诵《论语》的人为便于称道起见，就用篇首的两字或三字以代表某篇；第二，可能由于写书的人于某篇的简牍已束好，或某篇缣帛已卷好以后，很自然地就用篇首两字或三字以作这篇的标题。

如果说《论语》二十篇每篇的先后次序都有意义，甚至说每篇里各章的先后次序都有意义，我们实在不敢苟同。但是，一部书以"学而"居首，我们就不能不说这或许出于编者的有心了。（《荀子》以《劝学》始，以《尧问》终，大概是模仿《论语》的吧！）

三、《论语》这个名的意义

解释"论语"二字的意义，以《汉书·艺文志》为最早。根据《艺文志》的解释，《论语》是：孔子的"语"，由门人"论"纂成书，所以叫"论语"。这个解释似不能令人满意。《说文》："论，议也。议，语也。语，论也。"三字连环相训。我们想春秋末年，鲁国可能有同义复词"论语"，意思和现在的"议论"相同。大概孔子平日对弟子或时人的谈话，无论用文字记录或口耳相传的，当时弟子都称为"论语"。到了这些谈话的记录编成为一书的时候，这部书也就叫作《论语》了（毛子水先生说）。

四、《论语》的各种本子

皇侃《论语义疏》引汉代刘向《别录》：

鲁人所学，谓之《鲁论》；齐人所学，谓之《齐论》；孔壁所得，谓之《古论》。

由此可知汉时《论语》有三种本子行世。所谓"孔壁"，是指秦始皇焚书，有心人把古籍隐藏起来，后来这些古籍纷纷出现，比如："武帝末，鲁共王坏孔子宅，欲以广其宫，而得古文《尚书》及《礼记》、《论语》、《孝经》凡数十篇，皆古字也。"（《汉书·艺文志》）而《鲁论》、《齐论》、《古论》三者的差别是：

《论语》，古二十一篇（出孔子壁中、两《子张》）；齐二十二篇（多《问王》、《知道》）；鲁二十篇，传十九篇。（《汉书·艺文志》）

《齐论》的二十一篇，是把《尧曰》篇次章"子张问于孔子"分出，另为一《子张》篇，所以古论有二《子张》篇，而篇次也和《齐论》、《鲁论》不同。《齐论》二十二篇，而其二十篇中章句颇多于《鲁论》。另外安昌侯张禹，本受《鲁论》，兼讲《齐论》，号为"张侯论"；包咸、周氏有章句。《古论》有孔安国为之训解，后来马融为之训说。汉末，郑玄就《鲁论》篇章，考之《齐论》、《古论》，为之注。另外王肃、周生烈都为义说。魏何晏等集以上所指各家说，而为集解，这就是《论语》流传到现在的本子。皇侃作《义疏》，宋邢昺作《注疏》，朱熹作《集注》，清刘宝楠作《正义》。皇本亡佚很久，后来从日本传回中土。邢本列《十三经注疏》中。朱注合《大学章句》、《中庸章句》、《孟子集注》为《四书集注》，最通行。刘疏综辑众说，考证最详。

五、有关《论语》的疑义

古代的典籍，流传至今，经天灾人祸、改朝换代，以及传抄传刻、讹误舛夺、脱衍错杂，在所难免。清人崔述《洙泗考信录》及《论语余说》对篇章可疑者，多有论辩。康有为《新学伪经考》、《康南海文集·论语注序》，对《论语》伪文，亦有论述。梁启超《古书真伪及其年代》，对《阳货》篇"公山弗扰以费畔，召，子欲往"章及"佛肸召，子欲往"章的真伪，论之颇当，足启后学。

我们读一部书，若其中有不可解的地方，这自然是颇遗憾的事情。不过，对一部已经历经两千多年的古籍，不由我们不以宝爱的心情读它，至于许多不可理解的地方，我们只好暂时摆在一边——朱子说："某于《论》、《孟》，四十余年理会。"（《朱子语类》第十九卷）但是集注里还是有许多"阙疑"的地方。这种"知之为知之，不知为不知"的态度，是一种对古人、对今人、对后人负责的态度！我们想《五柳先生传》："好读书不求甚解，每有会意，便欣然忘食！"这"好读书不求甚解"，也当以"不知为不知"的角度去理解。实在,读书时,对无法理解的地方,强作解人,不但显示个人为学态度的诚恳度不够,而且每每也贻误后人。

《论语》虽然经过长时间的流传,不免有失真的地方,但在能够读古书的人看来,它还是我们研究孔子思想、了解孔子生平的第一等材料。书中充满孔子的经验和智慧,这是中华民族最有价值的宝物。

《论语》全书可以用"言简意赅"来描述。以我们今天学生在课堂上做笔记来看:老师旁征博引、引经据典,最后下了一个结论;或因了一句话,引发思绪,大加发挥。学生在笔记上所留下的可能只是那个结论、那一句话,至于那些长篇大论、记笔记的人自可因那个结论或那句话而在心头勾勒,但这个笔记对旁人可就真摸不着头绪了。

孔子时,做书的工具还很缺乏,记的人当然只能把孔子言语中最主要的意思、最重要的几句话记录下来。由于《论语》是语录体,所以不像公文,公告形式的《尚书》那么佶屈聱牙;又由于《论语》词约义丰,所以读后余味无穷,使人受益终身。在中国的古籍中,《论语》是一部老少咸宜的作品:幼童启蒙后可以为记诵的书籍;而年龄渐增,世事经历,《论语》就予人更深的感受,这真是一部历久弥新的中华宝典。

后人重视《论语》,自然是因为《论语》是唯一反映孔子思想的作品,而孔子的思想在中国哲学史上的价值,是不容怀疑的。

我们从《论语》所载孔子的话中，得到许多有关为学、做人、处世、治事的宝贵经验。当然在《论语》中，有的篇章我们不能十分懂得：

子谓公冶长，"可妻也。虽在缧绁之中，非其罪也。"以其子妻之。（《公冶长》）

公冶长是孔子的弟子。妻【音 qì】作动词用，是把女儿嫁给人为妻。缧、绁都是绳索的名称，是用来拘罪人的东西。《礼记·曲礼下》："子于父母。"注："言'子'，通男女。"这章"以其子"的"子"指孔子的女儿。"妻之"的"之"指公冶长。孔子这里只说"公冶长可妻"，并没有说可妻的理由。皇疏引范宁曰："公冶行正获罪，罪非其罪；孔子以女妻之，将以大明衰世用刑之枉滥，劝将来实守正之人也。"

我们想孔子说公冶长可妻，当另有原因，绝不是因为"罪非其罪"的缘故。"缧绁"两句，是为公冶长辩白的话，可能有人因公冶长获罪而怀疑这个婚配，所以孔子为他辩白。"以其子妻之"一句，是记言的人补记的话，孔子女儿和公冶长的婚礼可能在孔子说"可妻也"以后，也可能在说这话以前。若是"以后"，更可后到几个月或几年，皇疏认为是："评之既竟，而遂以女嫁之。"这个说法实不足取。至于说公冶长以解鸟语而获罪的故事（见皇疏引），自然是好事者伪造的，更不足取！

有的篇章，我们根本不懂：

> 色，斯举矣！翔而后集。曰："山梁雌雉，时哉！时哉！"子路共之，三嗅而作。(《乡党》)

朱注："言鸟见人之颜色不善，则飞去。回翔审视而后下止；人之见几而作，审择所处，亦当如此。然此上下，必有阙文矣。邢氏曰：'梁，桥也。时哉，言雉之饮啄得其时。子路不达，以为时物而共之。孔子不食，三嗅其气而起。'晁氏曰：'石经嗅作戛，谓雉鸣也。'刘聘君曰：'嗅，当作臭；古阒反，张两翅也。见《尔雅》。'愚按：如后两说，则共字当为拱执之义。然此必有阙文，不可强为之说；姑记所闻以俟知者。"

《吕氏春秋·审己》："故子路掩鸡而复释之。"子路掩鸡复释的故事，在战国时必已流行，所以《吕氏春秋》引以为说。但《论语》这段文字，是根据这个故事而撰的呢？还是这个故事是为解释《论语》这段文字而造的呢？我们现在已很难断定了。这章文字难晓，必不是资质高明的人的手笔；另一方面，这段文字在《乡党》篇末，恐是后人附加进去的，而不是当时随从孔子的人所记的原文。朱注既录邢疏，又存晁、刘二说，而且一再强调"必有阙文"，这些除了使读者多识前哲的义训外，又示以盖阙的识度。朱注的嘉惠后学，此为一端。此外如：《宪问》篇：子曰："作者七人矣。"《微子》篇的"逸民"章、"周有八士"章等：有的记录过于简略，我们无法得其真义；有的篇章形同游戏文字，我们似不必强为之解。凡是这类篇章，我们自以阙疑为妥。

六、我们读《论语》

孔子的思想，其可贵者在于：放诸四海而皆准，传之百代以为宜。孔子的思想，在当时固然为振聋发聩的木铎，就是时至今日，仍然可以作为我们言行的准则。我们读《论语》总有一种感受：言语极简单，道理很平实；其中没有危言惑众，更没有无穷高论。

我们有一种理念：我们想要提高人们生活的质量、改善社会的秩序，教育是最可靠的手段。我们想孔子必也是基于这种认识，而提倡学，并以身作则、有教无类。孔子提倡仁恕，只是提醒人们：只要从最平实、最根本的日常生活做起，就能改善人和人的关系。投一颗石子入池水，只有部分水分子直接受撞击，却波及其他水分子引起骚动，才让我们看见了水面的沧涟。同样的，一个人的行为每每能影响旁人，所以我们要将心比心，想想别人的感受，"己所不欲，勿施于人。"恕道是也。

仁是孔子心目中最高的德行，我们看孔子很少以仁许人，可以知道为仁之不易。为仁的不易并不是仁之为道可望不可即、高不可攀。之所以困难是因为人很难有恒，就算是一件很容易的事，若无恒心也不易做到。事实上孔子从不唱高调，仁虽是人生的最高德行，却只要"克己复礼"就是仁。克己，自然是克制自我、约束自我；复礼，是依礼而行。孔子时礼坏乐崩，"事君尽礼，人以为谄也。"孔子因此提倡礼，以减少违礼越分的事情，使社会循序渐进、合情合理。（《礼记·乐记》："礼也者，理之不可易者也。"）

政治是管理众人的事，那真是庞杂无端、千头万绪，但是孔子告诉我们："政者，正也。"多么简单明了！一个搞政治的人，本身正了，天下还会不正吗！如果搞政治的人，其身不正，那怎么正人？中国人讲孝道，总说孝顺，孔子倒没主张人子当一味顺亲，也不以为天下无不是的父母！孔子认为：父母有不对的地方，我们就要婉言劝谏，如果父母不听，我们也要坚持我们的立场，决不轻言放弃。子曰："事父母，几谏；见志不从，又敬而不违，劳而不怨。"（《里仁》）看来，孔子是相当理性的人——孔子见出愚孝并不是真孝！

当然由于时空的改变，有些言语对我们已经没有意义。比如：子曰："父在观其志，父没观其行。三年无改于父之道，可谓孝矣！"（《学而》）这是说观察人子孝不孝的方法。但这个人子，是指继承君位（包括诸侯和卿大夫）的人讲的，并不是指普通平民讲的。这种语言已经失去时代意义，我们只好置而不讲。另外，孔子有许多关于祭的语言，因为时过境迁，我们不能十分明白，自以阙疑为好。

"有德者必有言。"像孔子那样的人，一生自然有许多很富智慧的言语，而且由于经常记录孔子言行的人能够把握说话时的气氛、言语的精髓，因此《论语》有许多精彩篇章。比如：或问禘之说。子曰："不知也。知其说者之于天下也，其如示诸斯乎！"指其掌。（《八佾》）禘是古代一种祭的名，关于这种祭的情形我们不得而知——孔子时也有人不知道！孔子说话时指着自己的手掌，所以"斯"即指孔子的手掌。关于孔子不答禘之问的理由，我们虽不明白，但透过这二十八字的记录，我们好像看见孔子低垂双目，以手指掌的神情。

　　我们读《史记》，感觉《史记》不但是史书也是文学作品，因为透过太史公的记述，古人都起死回生，宛然犹在。《论语》虽然反映了孔子的言行，但透过这些记录，仿佛我们也列坐讲堂，沐浴春风。这本书的第七部分——各言其志，就是以文学的眼光来抒写的。

　　程子说："凡看《论语》，非但欲理会文字，须要识得圣贤气象。"如果我们"未读时是此等人，读了后又只是此等人，便是不曾读。"（程子说）

　　"哲人日已远，典型在夙昔，风檐展书读，古道照颜色。"（文天祥《正气歌》）让我们彼此互勉。

附录

《论语》原文

論語註疏卷第一

學而第一　　何晏集解　邢昺疏

【疏】正義曰：自此至堯曰凡二十篇，諸論語為此書之大名，學而以下為當篇之小目。其篇中所載，各記舊聞，意及則言，不為義例，或亦以類相從。此篇論君子孝悌、仁人忠信、道國之法、主友之規、聞政在乎行德、由禮貴於用和、無求安飽、以好學能自切磋而樂道，皆人行之大者，故為諸篇之先。既以學為章首，遂以名篇。各言其弟子論撰之時，以論語為此書之大名及第次也。當篇於次言一也。須學也，為政以下諸篇所次，先儒不無意焉，當篇各言其指，此不煩說。第次也，一數之始也，此篇於次言一也。

子曰：學而時習之，不亦說乎。【注】馬曰：子者，男子之通稱，謂孔子也。王曰：時者，學者以時誦習之，誦習以時，學無廢業，所以為說懌。【釋】說音悅，稱尺制反。有朋自遠……

学而第一

子曰:"学而时习之,不亦说乎? 有朋自远方来,不亦乐乎? 人不知而不愠,不亦君子乎?"

有子曰:"其为人也孝弟而好犯上者,鲜矣! 不好犯上而好作乱者,未之有也。君子务本,本立而道生。孝弟也者,其为仁之本与!"

子曰:"巧言令色,鲜矣仁!"

曾子曰:"吾日三省吾身:为人谋而不忠乎? 与朋友交而不信乎? 传,不习乎?"

子曰:"道千乘之国,敬事而信,节用而爱人,使民以时。"

子曰:"弟子,入则孝,出则弟,谨而信,泛爱众,而亲仁。行有余力,则以学文。"

子夏曰:"贤贤易色,事父母能竭其力,事君能致其身,与朋友交,言而有信。虽曰'未学',吾必谓之'学矣'!"

子曰:"君子不重,则不威;学则不固。主忠信。无友不如己者。过,则勿惮改。"

曾子曰:"慎终追远,民德归厚矣!"

子禽问于子贡曰:"夫子至于是邦也,必闻其政,求之与? 抑与之与？"子贡曰："夫子温、良、恭、俭、让以得之。夫子之求之也，其诸异乎人之求之与？"

子曰："父在，观其志；父没，观其行；三年无改于父之道，可谓孝矣。"

有子曰："礼之用，和为贵。先王之道，斯为美。小大由之，有所不行。知和而和，不以礼节之，亦不可行也。"

有子曰："信近于义，言可复也。恭近于礼，远耻辱也。因不失其亲，亦可宗也。"

子曰："君子食无求饱，居无求安，敏于事而慎于言，就有道而正焉，可谓好学也已。"

子贡曰："贫而无谄，富而无骄，何如？"子曰："可也；未若贫而乐，富而好礼者也。"子贡曰："诗云：'如切如磋，如琢如磨'，其斯之谓与？"子曰："赐也，始可与言诗已矣，告诸往而知来者。"

子曰："不患人之不己知，患不知人也。"

为政第二

子曰："为政以德，譬如北辰，居其所，而众星共之。"

子曰："诗三百，一言以蔽之，曰：'思无邪'。"

子曰："道之以政，齐之以刑，民免而无耻；道之以德，齐之以礼，有耻且格。"

子曰："吾十有五而志于学，三十而立，四十而不惑，五十而知天命，六十而耳顺，七十而从心所欲，不逾矩。"

孟懿子问孝。子曰："无违！"樊迟御，子告之曰："孟孙问孝于我，我对曰'无违'。"樊迟曰："何谓也？"子曰："生，事之以礼；死，葬之以礼，祭之以礼。"

孟武伯问孝。子曰："父母唯其疾之忧。"

子游问孝。子曰："今之孝者，是谓能养。至于犬马，皆能有养。不敬，何以别乎？"

子夏问孝。子曰："色难。有事，弟子服其劳，有酒食，先生馔，曾是以为孝乎？"

子曰："吾与回言终日，不违，如愚。退而省其私，亦足以发，回也不愚。"

子曰："视其所以，观其所由，察其所安。人焉廋哉？人焉廋哉？"

子曰："温故而知新，可以为师矣。"

子曰："君子不器。"

子贡问君子。子曰："先行其言，而后从之。"

子曰："君子周而不比，小人比而不周。"

子曰："学而不思则罔，思而不学则殆。"

子曰："攻乎异端，斯害也已。"

子曰："由，诲女知之乎？知之为知之，不知为不知，是知也。"

子张学干禄。子曰："多闻阙疑，慎言其余，则寡尤；多见阙殆，慎行其余，则寡悔。言寡尤，行寡悔，禄在其中矣。"

哀公问曰："何为则民服？"孔子对曰："举直错诸枉，则民服。举枉错诸直，则民不服。"

季康子问："使民敬忠以劝，如之何？"子曰："临之以庄，则敬；孝慈，则忠；举善而教不能，则劝。"

或谓孔子曰："子奚不为政？"子曰："书云，'孝乎唯孝，友于兄弟。'施于有政，是亦为政！奚其为为政？"

子曰："人而无信，不知其可也。大车无輗，小车无軏，其何以行之哉？"

子张问："十世可知也？"子曰："殷因于夏礼，所损益，可知也；周因于殷礼，所损益，可知也。其或继周者，虽百世，可知也。"

子曰："非其鬼而祭之，谄也。见义不为，无勇也。"

八佾第三

孔子谓季氏八佾舞于庭："是可忍也，孰不可忍也！"

三家者以雍彻。子曰："'相维辟公，天子穆穆。'奚取于三家之堂！"

子曰："人而不仁如礼何！人而不仁如乐何！"

林放问礼之本。子曰："大哉问！礼，与其奢也宁俭；丧，与其易也宁戚。"

子曰："夷狄之有君，不如诸夏之亡也。"

季氏旅于泰山。子谓冉有曰："女弗能救与？"对曰："不能。"子曰："呜呼！曾谓泰山不如林放乎！"

子曰："君子无所争。必也射乎！揖让而升，下而饮。其争也君子。"

子夏问曰："'巧笑倩兮，美目盼兮，素以为绚兮。'何谓也？"子曰："绘事后素。"曰："礼后乎？"子曰："起予者商也！始可与言诗已矣。"

子曰："夏礼，吾能言之，杞不足征也；殷礼，吾能言之，宋不足征也。文献不足故也。足，则吾能征之矣。"

子曰："禘自既灌而往者，吾不欲观之矣。"

或问禘之说。子曰："不知也；知其说者之于天下也，其如示诸斯乎！"指其掌。

祭如在，祭神如神在。子曰："吾不与祭，如不祭。"

王孙贾问曰："与其媚于奥，宁媚于灶，何谓也？"子曰："不然；获罪于天，吾所祷也。"

子曰："周监于二代，郁郁乎文哉！吾从周。"

子入大庙，每事问。或曰："孰谓鄹人之子知礼乎？入大庙，每事问。"子闻之，曰："是礼也。"

子曰："射不主皮，为力不同科，古之道也。"

子贡欲去告朔之饩羊。子曰："赐也！尔爱其羊，我爱其礼。"

子曰："事君尽礼，人以为谄也！"

定公问："君使臣，臣事君，如之何？"孔子对曰："君使臣以礼，臣事君以忠。"

子曰："关雎，乐而不淫，哀而不伤。"

哀公问社于宰我。宰我对曰："夏后氏以松，殷人以柏，周人以栗，曰，使民战栗。"子闻之，曰："成事不说，遂事不谏，既往不咎。"

子曰："管仲之器小哉。"或曰："管仲俭乎？"曰："管氏有三归，官事不摄，焉得俭？""然则管仲知礼乎？"曰："邦君树塞门，管氏亦树塞门。邦君为两君之好，有反坫，管氏亦有反坫。管氏而知礼，孰不知礼？"

子语鲁太师乐，曰："乐其可知也：始作，翕如也；从之，纯如也，皦如也，绎如也，以成。"

仪封人请见。曰："君子之至于斯也，吾未尝不得见也。"从者见之。出曰："二三子何患于丧乎？天下之无道也久矣，天将以夫子为木铎。"

子谓韶："尽美矣，又尽善也。"谓武："尽美矣，未尽善也。"

子曰："居上不宽，为礼不敬，临丧不哀，吾何以观之哉？"

里仁第四

子曰："里，仁为美。择不处仁，焉得知？"

子曰："不仁者不可以久处约，不可以长处乐。仁者安仁，知者利仁。"

子曰："唯仁者能好人，能恶人。"

子曰："苟志于仁矣,无恶也。"

子曰："富与贵,是人之所欲也;不以其道得之,不处也。贫与贱,是人之所恶也;不以其道得之,不去也。君子去仁,恶乎成名?君子无终食之间违仁,造次必于是,颠沛必于是。"

子曰："我未见好仁者恶不仁者。好仁者,无以尚之;恶不仁者,其为仁矣,不使不仁者加乎其身。有能一日用其力于仁矣乎?我未见力不足者。盖有之矣,我未之见也。"

子曰："人之过也,各于其党。观过,斯知仁矣!"

子曰："朝闻道,夕死可矣。"

子曰："士志于道,而耻恶衣恶食者,未足与议也。"

子曰："君子之于天下也,无适也,无莫也,义之于比。"

子曰："君子怀德,小人怀土;君子怀刑,小人怀惠。"

子曰："放于利而行,多怨。"

子曰："能以礼让为国乎,何有?不能以礼让为国,如礼何!"

子曰："不患无位,患所以立。不患莫己知,求为可知也。"

子曰："参乎!吾道一以贯之。"曾子曰："唯。"子出,门人问曰:"何谓也?"曾子曰:"夫子之道,忠恕而已矣!"

子曰："君子喻于义,小人喻于利。"

子曰："见贤思齐焉,见不贤而内自省也。"

子曰："事父母,几谏,见志不从,又敬不违,劳而不怨。"

子曰："父母在,不远游,游必有方。"

子曰："三年无改于父之道,可谓孝矣。"

子曰：“父母之年，不可不知也。一则以喜，一则以惧。”

子曰：“古者言之不出，耻躬之不逮也。”

子曰：“以约失之者鲜矣。”

子曰：“君子欲讷于言而敏于行。”

子曰：“德不孤，必有邻。”

子游曰：“事君数，斯辱矣；朋友数，斯疏矣。”

公冶长第五

子谓公冶长，“可妻也。虽在缧绁之中，非其罪也。”以其子妻之。

子谓南容，“邦有道，不废；邦无道，免于刑戮。”以其兄之子妻之。

子谓子贱，“君子哉若人！鲁无君子者，斯焉取斯？”

子贡问曰：“赐也何如？”子曰：“女，器也。”曰：“何器也？”曰：“瑚琏也。”

或曰：“雍也仁而不佞。”子曰：“焉用佞？御人以口给，屡憎于人。不知其仁，焉用佞？”

子使漆雕开仕。对曰：“吾斯之未能信。”子说。

子曰：“道不行，乘桴浮于海，从我者其由与？”子路闻之喜。子曰：“由也好勇过我，无所取材。”

孟武伯问：“子路仁乎？”子曰：“不知也。”又问。子曰：“由也，千乘之国，可使治其赋也，不知其仁也。”“求也何如？”

子曰："求也，千室之邑，百乘之家，可使为之宰也，不知其仁也。""赤也何如？"子曰："赤也，束带立于朝，可使与宾客言也，不知其仁也。"

子谓子贡曰："女与回也孰愈？"对曰："赐也何敢望回？回也闻一以知十，赐也闻一知二。"子曰："弗如也；吾与女弗如也。"

宰予昼寝。子曰："朽木不可雕也，粪土之墙不可杇也；于予与何诛？"子曰："始吾于人也，听其言而信其行；今吾于人也，听其言而观其行。于予与改是。"

子曰："吾未见刚者。"或对曰："申枨。"子曰："枨也欲，焉得刚？"

子贡曰："我不欲人之加诸我也，吾亦欲无加诸人。"子曰："赐也，非尔所及也！"

子贡曰："夫子之文章，可得而闻也；夫子之言性与天道，不可得而闻也。"

子路有闻，未之能行，唯恐有闻。

子贡问曰："孔文子何以谓之'文'也？"子曰："敏而好学，不耻下问，是以谓之'文'也。"

子谓子产："有君子之道四焉，其行己也恭，其事上也敬，其养民也惠，其使民也义。"

子曰："晏平仲善与人交，久而敬之。"

子曰："藏文仲居蔡，山节藻棁，何如其知也？"

子张问曰："令尹子文三仕为令尹，无喜色；三已之，无愠色。旧令尹之政，必以告新令尹。何如？”子曰："忠矣。"曰：
"仁矣乎？"曰："未知，焉得仁？""崔子弑齐君，陈文子有马十
乘，弃而违之。至于他邦，则曰：'犹吾大夫崔子也。'违之。之
一邦，则又曰：'犹吾大夫崔子也。'违之。何如？"子曰："清
矣。"曰："仁矣乎？"曰："未之，焉得仁？"

季文子三思而后行。子闻之曰："再，斯可矣。"

子曰："宁武子，邦有道，则知；邦无道，则愚。其知可及
也，其愚不可及也。"

子在陈，曰："归与！归与！吾党之小子狂简，斐然成章，不
知所以裁之。"

子曰："伯夷、叔齐不念旧恶，怨是用希。"

子曰："孰谓微生高直？或乞醯焉，乞诸其邻而与之。"

子曰："巧言、令色、足恭，左丘明耻之，丘亦耻之。匿怨而
友其人，左丘明耻之，丘亦耻之。"

颜渊、季路侍。子曰："盍各言尔志。"子路曰："愿车马、衣
裘，与朋友共，敝之而无憾！"颜渊曰："愿无伐善，无施劳。"
子路曰："愿闻子之志。"子曰："老者安之，朋友信之，少者怀
之。"

子曰："已矣乎，吾未见能见其过，而内自讼者也。"

子曰："十室之邑，必有忠信如丘者焉，不如丘之好学也。"

雍也第六

子曰："雍也可使南面。"仲弓问子桑伯子。子曰："可也简。"仲弓曰："居敬而行简,以临其民,不亦可乎?居简而行简,无乃大简乎?"子曰："雍之言然。"

哀公问,"弟子孰为好学?"孔子对曰："有颜回者好学,不迁怒,不贰过。不幸短命死矣!今也则亡未闻好学者也。

子华使于齐,冉子为其母请粟。子曰："与之釜。"请益。曰："与之庾。"冉子与之粟五秉。子曰："赤之适齐也,乘肥马,衣轻裘。吾闻之也:君子周急不继富。"原思为之宰,与之粟九百,辞。子曰："毋!以与尔邻里乡党乎!"

子谓仲弓,曰："犁牛之子骍且角,虽欲勿用,山川其舍诸?"

子曰："回也,其心三月不违仁,其余则日月至焉而已矣!"

季康子问:"仲由可使从政也与?"子曰："由也果,于从政乎何有?"曰："赐也可使从政也与?"曰："赐也达,于从政乎何有?"曰:"求也可使从政也与?"曰:"求也艺,于从政乎何有?"

季氏使闵子骞为费宰。闵子骞曰:"善为我辞焉!如有复我者,则吾必在汶上矣。"

伯牛有疾,子问之,自牖执其手,曰:"亡之,命矣夫!斯人也而有斯疾也!斯人也而有斯疾也!"

子曰:"贤哉回也!一箪食,一瓢饮,在陋巷,人不堪其忧,回也不改其乐。贤哉回也！"

冉求曰："非不说子之道，力不足也。"子曰："力不足者，中道而废。今女画。"

子谓子夏曰："女为君子儒！无为小人儒！"

子游为武城宰。子曰："女得人焉耳乎？"曰："有澹台灭明者，行不由径，非公事，未尝至于偃之室也。"

子曰："孟之反不伐。奔而殿，将入门，策其马，曰：'非敢后也，马不进也。'"

子曰："不有祝鮀之佞，而有宋朝之美，难乎免于今之世矣。"

子曰："谁能出不由户？何莫由斯道也？"

子曰："质胜文则野，文胜质则史，文质彬彬，然后君子。"

子曰："人之生也直，罔之生也幸而免。"

子曰："知之者不如好之者，好之者不如乐之者。"

子曰："中人以上，可以语上也；中人以下，不可以语上也。"

樊迟问知。子曰："务民之义，敬鬼神而远之，可谓知矣。"问仁。曰："仁者先难而后获，可谓仁矣。"

子曰："知者乐水，仁者乐山。知者动，仁者静。知者乐，仁者寿。"

子曰："齐一变，至于鲁；鲁一变，至于道。"

子曰："觚不觚，觚哉！觚哉！"

宰我问曰："仁者，虽告之曰：'井有仁焉。'其从之也？"子曰："何为其然也？君子可逝也，不可陷也；可欺也，不可罔也。"

子曰："君子博学于文，约之以礼，亦可以弗畔矣夫！"

子见南子，子路不说。夫子矢之曰："予所否者，天厌之！天厌之！"

子曰："中庸之为德也，甚至矣乎！民鲜久矣。"

子贡曰："如有博施于民而能济众，何如？可谓仁乎？"子曰："何事于仁！必也圣乎！尧舜其犹病诸！夫仁者，己欲立而立人，己欲达而达人。能近取譬，可谓仁之方也已。"

述而第七

子曰："述而不作，信而好古，窃比于我老彭。"

子曰："默而识之，学而不厌，诲人不倦，何有于我哉！"

子曰："德之不修，学之不讲，闻义不能徙，不善不能改，是吾忧也。"

子之燕居，申申如也，夭夭如也。

子曰："甚矣，吾衰也！久矣，吾不复梦见周公！"

子曰："志于道，据于德，依于仁，游于艺。"

子曰："自行束修以上，吾未尝无诲焉。"

子曰："不愤，不启；不悱，不发。举一隅不以三隅反，则不复也。"

子食于有丧者之侧，未尝饱也。子于是日哭，则不歌。

子谓颜渊曰："用之则行，舍之则藏，唯我与尔有是夫。"子路曰："子行三军，则谁与？"子曰："暴虎冯河，死而无悔者，吾不与也。必也临事而惧，好谋而成者也。"

子曰："富而可求也，虽执鞭之士，吾亦为之；如不可求，从吾所好。"

子之所慎：齐，战，疾。

子在齐闻韶，三月不知肉味。曰："不图为乐之至于斯也！"

冉有曰："夫子为卫君乎？"子贡曰："诺；吾将问之。"入，曰："伯夷、叔齐何人也？"曰："古之贤人也。"曰："怨乎？"曰："求仁而得仁，又何怨？出，曰："夫子不为也。"

子曰："饭疏食饮水，曲肱而枕之，乐亦在其中矣。不义而富且贵，于我如浮云。"

子曰："加我数年，五十以学易，可以无大过矣！"

子所雅言，诗、书、执礼，皆雅言也。

叶公问孔子于子路，子路不对。子曰："女奚不曰：其为人也，发愤忘食，乐以忘忧，不知老之将至云尔！"

子曰："我非生而知之者，好古，敏以求之者也。"

子不语怪、力、乱、神。

子曰："三人行，必有我师焉。择其善者而从之，其不善者而改之。"

子曰："天生德于予，恒魋其如予何？"

子曰："二三子以我为隐乎？吾无隐乎尔！吾无行而不与二三子者，是丘也。"

子以四教：文，行，忠，信。

子曰："圣人，吾不得而见之矣；得见君子者，斯可矣。"子曰："善人，吾不得而见之矣；得见有恒者，斯可矣。亡而为有，虚而为盈，约而为泰，难乎有恒矣。"

子钓而不纲；弋不射宿。

子曰："盖有不知而作之者，我无是也。多闻、择其善者而从之，多见而识之，知之次也。"

互乡难与言。童子见，门人惑。子曰："与其进也，不与其退也。唯，何甚！人洁己以进，与其洁也，不保其往也。"

子曰："仁远乎哉？我欲仁，斯仁至矣。"

陈司败问昭公知礼乎，孔子曰："知礼。"孔子退，揖巫马期而进之，曰："吾闻君子不党，君子亦党乎？君取于吴，为同姓，谓之吴孟子。君而知礼，孰不知礼？"巫马期以告。子曰："丘也幸，苟有过，人必知之。"

子与人歌而善，必使反之，而后和之。

子曰："文，莫吾犹人也。躬行君子，则吾未之有得。"

子曰："若圣与仁，则吾岂敢。抑为之不厌，诲人不倦，则可谓云尔已矣。"公西华曰："正唯弟子不能学也。"

子疾病，子路请祷。子曰："有诸？"子路对曰："有之；诔曰：'祷尔于上下神祇。'"子曰："丘之祷久矣。"

子曰："奢则不孙，俭则固。与其不孙也，宁固！"

子曰："君子坦荡荡，小人长戚戚。"

子温而厉，威而不猛，恭而安。

泰伯第八

子曰："泰伯，其可谓至德也已矣。三以天下让，民无得而称焉。"

子曰："恭而无礼则劳，慎而无礼则葸，勇而无礼则乱，直而无礼则绞。君子笃于亲，则民兴于仁。故旧不遗，则民不偷。"

曾子有疾，召门弟子曰："启予足！启予手！诗云，'战战兢兢，如临深渊，如履薄冰。'而今而后，吾知免夫！小子！"

曾子有疾，孟敬子问之。曾子言曰："鸟之将死，其鸣也哀；人之将死，其言也善。君子所贵乎道者三：动容貌，斯远暴慢矣；正颜色，斯近信矣；出辞气，斯远鄙倍矣。笾豆之事，则有司存。"

曾子曰："以能问于不能，以多问于寡；有若无，实若虚；犯而不校——昔者吾友尝从事于斯矣。"

曾子曰："可以托六尺之孤，可以寄百里之命，临大节而不可夺也——君子人与？君子人也。"

曾子曰："士，不可以不弘毅，任重而道远。仁以为己任，不亦重乎？死而后已，不亦远乎？"

子曰："兴于诗，立于礼，成于乐。"

子曰："民可使由之，不可使知之。"

子曰："好勇疾贫，乱也。人而不仁，疾之已甚，乱也。"

子曰："如有周公之才之美，使骄且吝，其余不足观也已。"

子曰："三年学，不至于谷，不易得也。"

子曰："笃信好学，守死善道。危邦不入，乱邦不居。天下有道则见，无道则隐。邦有道，贫且贱焉，耻也；邦无道，富且贵焉，耻也。"

子曰："不在其位，不谋其政。"

子曰："师挚之始，《关雎》之乱，洋洋乎盈耳哉。"

子曰："狂而不直，侗而不愿，悾悾而不信，吾不知之矣。"

子曰："学如不及，犹恐失之！"

子曰："巍巍乎，舜禹之有天下也而不与焉！"

子曰："大哉尧之为君也！巍巍乎！唯天为大，唯尧则之。荡荡乎，民无能名焉。巍巍乎其有成功也，焕乎其有文章！"

舜有臣五人而天下治。武王曰："予有乱臣十人。"孔子曰："才难，不其然乎，唐虞之际，于斯为盛，有妇人焉，九人而已。三分天下有其二，以服事殷，周之德，其可谓至德也已矣。"

子曰："禹吾无间然矣，菲饮食，而致孝乎鬼神，恶衣服而致美乎黻冕，卑宫室而尽力乎沟洫。禹，吾无间然矣。"

子罕第九

子罕言利与命与仁。

达巷党人曰："大哉孔子，博学而无所成名。"子闻之，谓门弟子曰："吾何执？执御乎？执射乎？吾执御矣。"

子曰："麻冕，礼也；今也纯，俭；吾从众！拜下，礼也；今拜乎上，泰也；虽违众，吾从下！"

子绝四：毋意，毋必，毋固，毋我。

子畏于匡，曰："文王既没，文不在兹乎！天之将丧斯文也，后死者不得与于斯文也！天之未丧斯文也，匡人其如予何！"

太宰问于子贡曰："夫子圣者与？何其多能也？"子贡曰："固天纵之将圣，又多能也。"子闻之曰："太宰知我乎！吾少也贱，故多能鄙事。君子多乎哉？不多也。"牢曰："子云：'吾不试，故艺。'"

子曰："吾有知乎哉？无知也。有鄙夫问于我，空空如也。我叩其两端而竭焉。"

子曰："凤鸟不至，河不出图；吾已矣夫。"

子见齐衰者，冕衣裳者与瞽者，见之，虽少，必作，过之必趋。

颜渊喟然叹曰："仰之弥高，钻之弥坚，瞻之在前，忽焉在后。夫子循循然善诱人，博我以文，约我以礼，欲罢不能。既竭吾才，如有所立卓尔，虽欲从之，末由也已！"

子疾病，子路使门人为臣。病间，曰："久矣哉，由之行诈也！无臣而为有臣。吾谁欺？欺天乎！且予与其死于臣之手也，无宁死于二三子之手乎！且予纵不得大葬，予死于道路乎？"

子贡曰："有美玉于斯，韫椟而藏诸？求善贾而沽诸？"子曰："沽之哉！沽之哉！我待贾者也！"

子欲居九夷。或曰："陋，如之何？"子曰："君子居之，何陋之有？”

子曰：“吾自卫反鲁，然后乐正，雅颂，各得其所。”

子曰：“出则事公卿，入则事父兄，丧事不敢不勉，不为酒困，何有于我哉？”

子在川上，曰：“逝者如斯夫！不舍昼夜。”

子曰：“吾未见好德如好色者也。”

子曰：“譬如为山，未成一篑，止，吾止也！譬如平地，虽覆一篑，进，吾往也！”

子曰：“语之而不惰者，其回也与！”

子谓颜渊，曰：“惜乎！吾见其进也，未见其止也！”

子曰：“苗而不秀者，有矣夫！秀而不实者，有矣夫！”

子曰：“后生可畏，焉知来者之不如今也？四十、五十而无闻焉，斯亦不足畏也已。”

子曰：“法语之言，能无从乎？改之为贵。巽与之言，能无说乎？绎之为贵。说而不绎，从而不改，吾末如之何也已矣。”

子曰：“主忠信，无友不如己者，过则勿惮改。”

子曰：“三军可夺帅也，匹夫不可夺志也。”

子曰：“衣敝缊袍与衣狐貉者立，而不耻者，其由也与。‘不忮不求，何用不臧！’”子路终身诵之。子曰：“是道也，何足以臧。”

子曰：“岁寒，然后知松柏之后凋也。”

子曰：“知者不惑，仁者不忧，勇者不惧。”

244

子曰："可与共学，未可与适道；可与适道，未可与立；可与立，未可与权。"

"唐棣之华，偏其反而。岂不尔思？室是远而。"子曰："未之思也夫！何远之有！"

乡党第十

孔子于乡党，恂恂如也，似不能言者。其在宗庙朝廷，便便言，唯谨尔。

朝，与下大夫言，侃侃如也；与上大夫言，訚訚如也。君在，踧踖如也，与与如也。

君召使摈，色勃如也，足躩如也。揖所与立，左右手，衣前后，襜如也。趋进，翼如也。宾退，必复命曰："宾不顾矣。"

入公门，鞠躬如也，如不容。立不中门，行不履阈。过位，色勃如也，足躩如也，其言似不足者。摄齐升堂，鞠躬如也，屏气似不息者。出，降一等，逞颜色，怡怡如也。没阶，趋进，翼如也。复其位，踧踖如也。

执圭，鞠躬如也，如不胜。上如揖，下如授。勃如战色，足蹜蹜如有循。享礼，有容色。私觌，愉愉如也。

君子不以绀緅饰，红紫不以为亵服。

当暑，袗絺绤，必表而出之。缁衣，羔裘；素衣，麑裘；黄衣，狐裘。亵裘长，短右袂。必有寝衣，长一身有半。狐貉之厚以居。去丧，无所不佩。非帷裳，必杀之。羔裘玄冠，不以吊。

吉月，必朝服而朝。

齐，必有明衣，布。齐必变食，居必迁坐。

食不厌精，脍不厌细。食饐而餲，鱼馁而肉败，不食。色恶，不食。臭恶，不食。失饪，不食。不时，不食。割不正，不食。不得其酱，不食。肉虽多，不使胜食气。唯酒无量，不及乱。沽酒市脯不食。不撤姜食。不多食。祭于公，不宿肉。祭肉，不出三日。出三日，不食之矣。食不语，寝不言。虽疏食菜羹，瓜祭，必齐如也。

席不正，不坐。

乡人饮酒，杖者出，斯出矣。乡人傩，朝服而立于阼阶。

问人于他邦，再拜而送之。康子馈药，拜而受之。曰："丘未达，不敢尝。"

厩焚。子退朝，曰："伤人乎？"不问马。

君赐食，必正席先尝之。君赐腥，必熟而荐之。君赐生，必畜之。侍食于君，君祭，先饭。疾，君视之，东首，加朝服，拖绅。君命召，不俟驾行矣。

入太庙，每事问。

朋友死，无所归，曰："于我殡。"朋友之馈，虽车马，非祭肉，不拜。

寝不尸，居不容。见齐衰者，虽狎，必变。见冕者与瞽者，虽亵，必以貌。凶服者式之。式负版者。有盛馔，必变色而作。迅雷、风烈，必变。

升车，必正立，执绥。车中，不内顾，不疾言，不亲指。色斯举矣，翔而后集。曰："山梁雌雉，时哉时哉！"子路共之，三嗅而作。

先进第十一

子曰："先进于礼乐，野人也；后进于礼乐，君子也。如用之，则吾从先进。"

子曰："从我于陈、蔡者，皆不及门也。"德行：颜渊，闵子骞，冉伯牛，仲弓。言语：宰我，子贡。政事：冉有，季路。文学：子游，子夏。

子曰："回也非助我者也，于吾言无所不说。"

子曰："孝哉闵子骞！人不间于其父母昆弟之言。"

南容三复白圭，孔子以其兄之子妻之。

季康子问："弟子孰为好学？"孔子对曰："有颜回者好学，不幸短命死矣，今也则亡。"

颜渊死，颜路请子之车以为之椁。子曰："才、不才，亦各言其子也。鲤也死，有棺而无椁。吾不徒行以为之椁；以吾从大夫之后，不可徒行也。"

颜渊死。子曰："噫！天丧予！天丧予！"

颜渊死，子哭之恸。从者曰："子恸矣！"曰："有恸乎？非夫人之为恸而谁为！"

颜渊死，门人欲厚葬之，子曰："不可。"门人厚葬之。子曰：

"回也视予犹父也，予不得视犹子也。非我也，夫二三子也。"

季路问事鬼神。子曰："未能事人，焉能事鬼？"曰："敢问死。"曰："未知生，焉知死？"

闵子侍侧，訚訚如也；子路，行行如也；冉有、子贡，侃侃如也。子乐。"若由也，不得其死然。"

鲁人为长府。闵子骞曰："仍旧贯，如之何？何必改作？"子曰："夫人不言，言必有中。"

子曰："由之瑟奚为于丘之门？"门人不敬子路。子曰："由也升堂矣！未入于室也！"

子贡问："师与商也孰贤？"子曰："师也过，商也不及。"曰："然则师愈与？"子曰："过犹不及。"

季氏富于周公，而求也为之聚敛而附益之。子曰："非吾徒也。小子鸣鼓而攻之，可也。"

柴也愚，参也鲁，师也辟，由也喭。

子曰："回也其庶乎，屡空。赐不受命，而货殖焉，亿则屡中。"

子张问善人之道。子曰："不践迹，亦不入于室。"

子曰："论笃是与，君子者乎？色庄者乎？"

子路问："闻斯行诸？"子曰："有父兄在，如之何其闻斯行之！"冉有问："闻斯行诸？"子曰："闻斯行之！"公西华曰："由也问'闻斯行诸'，子曰'有父兄在'；求也问'闻斯行诸'，子曰'闻斯行之'。赤也惑！敢问。"子曰："求也退，故进之；由也兼人，故退之。"

子畏于匡，颜渊后。子曰："吾以女为死矣。"曰："子在，回何敢死？"

季子然问："仲由、冉求可谓大臣与？"子曰："吾以子为异之问，曾由与求之问。所谓大臣者，以道事君，不可则止。今由与求也，可谓具臣矣。"曰："然则从之者与？"子曰："弑父与君，亦不从也。"

子路使子羔为费宰。子曰："贼夫人之子。"子路曰："有民人焉！有社稷焉，何必读书，然后为学？"

子曰："是故恶夫佞者。"

子路、曾皙、冉有、公西华侍坐。子曰："以吾一日长乎尔，毋吾以也。居则曰'不吾知也'，如或知尔，则何以哉？"子路率尔而对曰："千乘之国，摄乎大国之间，加之以师旅，因之以饥馑，由也为之，比及三年，可使有勇，且知方也。"夫子哂之。"求，尔何如？"对曰："方六七十，如五六十，求也为之，比及三年，可使足民。如其礼乐，以俟君子。""赤，尔何如？"对曰："非曰'能之'，愿学焉。宗庙之事如会同，端章甫愿为小相焉！""点，尔何如？"鼓瑟希，铿尔，舍瑟而作，对曰："异乎三子者之撰。"子曰："何伤乎？亦各言其志也。"曰："暮春者，春服既成，冠者五六人，童子六七人，浴乎沂，风乎舞雩，咏而归。"夫子喟然叹曰："吾与点也！"三子者出，曾皙后。曾皙曰："夫三子者之言何如？"子曰："亦各言其志也已矣！"曰："夫子何哂由也！"曰："为国以礼，其言不让，是故哂之。""唯求则非邦也与？""安见方六七十如五六十，而非邦也者"。"唯赤则非邦也与？""宗庙会同，非诸侯而何！赤也为之小，孰能为之大。"

颜渊第十二

颜渊问仁。子曰："克己复礼为仁。一日克己复礼，天下归仁焉。为仁由己，而由人乎哉？"颜渊曰："请问其目。"子曰："非礼勿视，非礼勿听，非礼勿言，非礼勿动。"颜渊曰："回虽不敏，请事斯语矣！"

仲弓问仁。子曰："出门如见大宾，使民如承大祭。己所不欲，勿施于人。在邦无怨，在家无怨。"仲弓曰："雍虽不敏，请事斯语矣。"

司马牛问仁。子曰："仁者其言也讱。"曰："其言也讱，斯谓之仁矣乎？"子曰："为之难，言之得无讱乎！"

司马牛问君子。子曰："君子不忧不惧。"曰："不忧不惧，斯谓之君子已乎？"子曰："内省不疚，夫何忧何惧？"

司马牛忧曰："人皆有兄弟，我独无。"子夏曰："商闻之矣：死生有命，富贵在天。君子敬而无失，与人恭而有礼。四海之内，皆兄弟也——君子何患乎无兄弟也？"

子张问明。子曰："浸润之谮，肤受之愬，不行焉，可谓明也已矣。浸润之谮，肤受之愬，不行焉，可谓远也已矣。"

子贡问政。子曰："足食，足兵，民信之矣。"子贡曰："必不得已而去，于斯三者何先？"曰："去兵。"子贡曰："必不得已而去，于斯二者何先？"曰："去食。自古皆有死，民无信不立！"

棘子成曰："君子质而已矣。何以文为！"子贡曰："惜乎！夫子之说君子也。驷不及舌！文犹质也，质犹文也。虎豹之鞟，犹犬羊之鞟。"

哀公问于有若曰："年饥，用不足，如之何？"有若对曰："盍彻乎！"曰："二，吾犹不足，如之何其彻也？"对曰："百姓足，君孰与不足？百姓不足，君孰与足？"

子张问崇德，辨惑。子曰："主忠信，徙义，崇德也。爱之欲其生，恶之欲其死，既欲其生又欲其死，是惑也。'诚不以富，亦祗以异。'"

齐景公问政于孔子。孔子对曰："君君，臣臣，父父，子子。"公曰："善哉！信如君不君，臣不臣，父不父，子不子，虽有粟，吾得而食诸？"

子曰："片言可以折狱者，其由也与？"子路无宿诺。

子曰："听讼，吾犹人也。必也，使无讼乎！"

子张问政。子曰："居之无倦，行之以忠。"

子曰："博学于文，约之以礼，亦可以弗畔矣夫！"

子曰："君子成人之美，不成人之恶。小人反是。"

季康子问政于孔子。孔子对曰："政者，正也。子帅以正，孰敢不正！"

季康子患盗，问于孔子。孔子对曰："苟子之不欲，虽赏之不窃。"

季康子问政于孔子曰："如杀无道，以就有道，何如？"孔子对曰："子为政，焉用杀？子欲善而民善矣。君子之德风，小人之德草。草上之风，必偃。"

子张问："士何如斯可谓之达矣？"子曰："何哉，尔所谓达者？"子张对曰："在邦必闻，在家必闻。"子曰："是闻也，非达也。夫达也者，质直而好义，察言而观色，虑以下人。在邦必达，在家必达。夫闻也者，色取仁而行违，居之不疑。在邦必闻，在家必闻。"

樊迟从游于舞雩之下，曰："敢问崇德、修慝、辨惑？"子曰："善哉问！先事后得，非崇德与！攻其恶，无攻人之恶，非修慝与！一朝之忿，忘其身以及其亲，非惑与！"

樊迟问仁。子曰："爱人。"问知。子曰："知人。"樊迟未达。子曰："举直错诸枉，能使枉者直。"樊迟退，见子夏曰："乡也吾见于夫子而问知，子曰：'举直错诸枉，能使枉者直'，何谓也？"子夏曰："富哉言乎！舜有天下，选于众，举皋陶，不仁者远矣。汤有天下，选于众，举伊尹，不仁者远矣。"

子贡问友。子曰："忠告而善道之。不可，则止，毋自辱焉。"

曾子曰："君子以文会友，以友辅仁。"

子路第十三

子路问政。子曰："先之，劳之。"请益。曰："无倦。"

仲弓为季氏宰，问政。子曰："先有司，赦小过，举贤才。"曰："焉知贤才而举之？"曰："举尔所知；尔所不知，人其舍诸！"

子路曰："卫君待子而为政，子将奚先？"子曰："必也正名乎！"子路曰："有是哉，子之迂也！奚其正？"子曰："野哉由也！君子于其所不知，盖阙如也。名不正，则言不顺；言不顺，则事不成；事不成，则礼乐不兴；礼乐不兴，则刑罚不中；刑罚不中，则民无所措手足。故君子名之必可言也，言之必可行也。君子于其言，无所苟而已矣。"

樊迟请学稼。子曰："吾不如老农。"请学为圃。曰："吾不如老圃。"樊迟出，子曰："小人哉，樊须也！上好礼，则民莫敢不敬；上好义，则民莫敢不服；上好信，则民莫敢不用情。夫如是，则四方之民襁负其子而至矣，焉用稼？"

子曰："诵诗三百，授之以政，不达；使于四方，不能专对；虽多，亦奚以为！"

子曰："其身正，不令而行；其身不正，虽令不从。"

子曰："鲁卫之政，兄弟也。"

子谓卫公子荆，"善居屋。始有，曰：'苟合矣。'少有，曰：'苟完矣。'富有，曰：'苟美矣。'"

子适卫，冉有仆。子曰："庶矣哉！"冉有曰："既庶矣，又何加焉？"曰："富之！"曰："既富矣，又何加焉？"曰："教之！"

子曰："苟有用我者，期月而已可也，三年有成。"

子曰："'善人为邦百年，亦可以胜残去杀矣。'诚哉是言也！"

子曰："如有王者，必世而后仁。"

子曰："苟正其身矣，于从政乎何有？不能正其身，如正人何？"

冉子退朝，子曰："何晏也？"对曰："有政。"子曰："其事也！如有政，虽不吾以，吾其与闻之！"

定公问："一言而可以兴邦，有诸？"孔子对曰："言不可以若是其几也！人之言曰：'为君难，为臣不易。'如知为君之难也，不几乎一言而兴邦乎？"曰："一言而丧邦，有诸？"孔子对曰："言不可以若是其几也！人之言曰：'予无乐乎为君，唯其言而莫予违也。'如其善而莫之违也，不亦善乎？如不善而莫之违也，不几乎一言而丧邦乎？"

叶公问政。子曰："近者说，远者来。"

子夏为莒父宰，问政。子曰："无欲速，无见小利。欲速则不达，见小利则大事不成。"

叶公语孔子曰："吾党有直躬者，其父攘羊，而子证之。"孔子曰："吾党之直者异于是：父为子隐，子为父隐，直在其中矣。"

樊迟问仁。子曰："居处恭，执事敬，与人忠。虽之夷狄，不可弃也。"

子贡问曰:"何如斯可谓之士矣? "子曰:"行己有耻,使于四方,不辱君命,可谓士矣。"曰:"敢问其次。"曰:"宗族称孝焉,乡党称弟焉。"曰:"敢问其次。"曰:"言必信,行必果,硁硁然,小人哉! 抑亦可以为次矣。"曰:"今之从政者何如? "子曰:"噫! 斗筲之人,何足算也? "

子曰:"不得中行而与之,必也狂狷乎! 狂者进取,狷者有所不为也。"

子曰:"南人有言曰:'人而无恒,不可以作巫医。'善夫! ""不恒其德,或承之羞。"子曰:"不占而已矣。"

子曰:"君子和而不同,小人同而不和。"

子贡问曰:"乡人皆好之,何如? "子曰:"未可也。"

"乡人皆恶之,何如? "子曰:"未可也;不如乡人之善者好之,其不善者恶之。"

子曰:"君子易事而难说也。说之不以道,不说也;及其使人也,器之。小人难事而易说也。说之虽不以道,说也;及其使人也,求备焉。"

子曰:"君子泰而不骄,小人骄而不泰。"

子曰:"刚、毅、木、讷近仁。"

子路问曰:"何如斯可谓之士矣? "子曰:"切切偲偲,怡怡如也,可谓士矣。朋友切切偲偲,兄弟怡怡。"

子曰:"善人教民七年,亦可以即戎矣。"

子曰："以不教民战，是谓弃之。"

宪问第十四

宪问耻。子曰："邦有道，谷；邦无道，谷，耻也。"

"克、伐、怨、欲不行焉，可以为仁矣？"子曰："可以为难矣，仁则吾不知也。"

子曰："士而怀居，不足以为士矣！"

子曰："邦有道，危言危行；邦无道，危行言孙。"

子曰："有德者必有言，有言者不必有德。仁者必有勇，勇者不必有仁。"

南宫适问于孔子曰："羿善射，奡荡舟，俱不得其死然。禹稷躬稼而有天下。"夫子不答。南宫适出，子曰："君子哉若人！尚德哉若人！"

子曰："君子而不仁者有矣夫？未有小人而仁者也。"

子曰："爱之，能勿劳乎？忠焉，能勿诲乎？"

子曰："为命，裨谌草创之，世叔讨论之，行人子羽修饰之，东里子产润色之。"

或问子产。子曰："惠人也。"问子西。曰："彼哉！彼哉！"问管仲。曰："人也。夺伯氏骈邑三百，饭疏食，没齿无怨言。"

子曰："贫而无怨难，富而无骄易。"

子曰："孟公绰为赵魏老则优，不可以为滕薛大夫。"

子路问成人。子曰："若臧武仲之知，公绰之不欲，卞庄子之勇，冉求之艺，文之以礼乐，亦可以为成人矣。"曰："今之成人者，何必然？见利思义，见危授命，久要不忘平生之言，亦可以为成人矣。"

子问公叔文子于公明贾曰："信乎？夫子不言，不笑，不取乎？"公明贾对曰："以告者，过也。夫子时然后言，人不厌其言；乐然后笑，人不厌其笑；义然后取，人不厌其取。"子曰："其然，岂其然乎？"

子曰："臧武仲以防求为后于鲁，虽曰不要君，吾不信也。"

子曰："晋文公谲而不正，齐桓公正而不谲。"

子路曰："桓公杀公子纠，召忽死之，管仲不死。"曰："未仁乎？"子曰："桓公九合诸侯，不以兵车，管仲之力也。如其仁，如其仁！"

子贡曰："管仲非仁者与？桓公杀公子纠，不能死，又相之。"子曰："管仲相桓公，霸诸侯，一匡天下，民到于今受其赐。微管仲，吾其被发左衽矣。岂若匹夫匹妇之为谅也，自经于沟渎而莫之知也？"

公叔文子之臣大夫僎与文子同升诸公。子闻之，曰："可以为'文'矣。"

子言卫灵公之无道也，康子曰："夫如是，奚而不丧？"孔子曰："仲叔圉治宾客，祝鮀治宗庙，王孙贾治军旅。夫如是，奚其丧？"

子曰："其言之不怍，则为之也难！"

257

陈成子弑简公。孔子沐浴而朝，告于哀公曰："陈恒弑其君，请讨之！"公曰："告夫三子！"孔子曰："以吾从大夫之后，不敢不告也；君曰：告夫三子者！"之三子告，不可。孔子曰："以吾从大夫之后，不敢不告也。"

子路问事君。子曰："勿欺也，而犯之。"

子曰："君子上达，小人下达。"

子曰："古之学者为己，今之学者为人。"

蘧伯玉使人于孔子，孔子与之坐而问焉，曰："夫子何为？"对曰："夫子欲寡其过而未能也。"使者出，子曰："使乎！使乎！"

子曰："不在其位，不谋其政。"

曾子曰："君子思不出其位。"

子曰："君子耻其言而过其行。"

子曰："君子道者三，我无能焉：仁者不忧，知者不惑，勇者不惧。"子贡曰："夫子自道也。"

子贡方人。子曰："赐也贤乎哉？夫我则不暇。"

子曰："不患人之不己知，患其不能也。"

子曰："不逆诈，不亿不信，抑亦先觉者，是贤乎！"

微生亩谓孔子曰："丘，何为是栖栖者与！无乃为佞乎？"孔子曰："非敢为佞也，疾固也！"

子曰："骥不称其力，称其德也。"

或曰："以德报怨，何如？"子曰："何以报德？以直报怨，以德报德。"

子曰:"莫我知也夫!"子贡曰:"何为其莫知子也?"子曰:"不怨天,不尤人,下学而上达,知我者其天乎!"

公伯寮愬子路于季孙。子服景伯以告,曰:"夫子固有惑志于公伯寮,吾力犹能肆诸市朝。"子曰:"道之将行也与,命也;道之将废也与,命也。公伯寮其如命何!"

子曰:"贤者辟世,其次辟地,其次辟色,其次辟言。"子曰:"作者七人矣!"

子路宿于石门。晨门曰:"奚自?"子路曰:"自孔氏。"曰:"是知其不可而为之者与?"

子击磬于卫。有荷蒉而过孔氏之门者,曰:"有心哉!击磬乎!"既而曰:"鄙哉!硁硁乎!莫己知也,斯己而已矣。深则厉,浅则揭。"子曰:"果哉,末之难矣!"

子张曰:"书云,'高宗谅阴,三年不言。'何谓也?"子曰:"何必高宗?古之人皆然!君薨,百官总己以听于冢宰,三年。"

子曰:"上好礼,则民易使也。"

子路问君子。子曰:"修己以敬。"曰:"如斯而已乎?"曰:"修己以安人。"曰:"如斯而已乎?"曰:"修己以安百姓。修己以安百姓,尧舜其犹病诸?"

原壤夷俟。子曰:"幼而不孙弟,长而无述焉,老而不死,是谓贼。"以杖叩其胫。

阙党童子将命。或问之曰:"益者与?"子曰:"吾见其居于位也,见其与先生并行也。非求益者也,欲速成者也。"

卫灵公第十五

卫灵公问陈于孔子。孔子对曰:"俎豆之事,则尝闻之矣;军旅之事,未之学也。"明日遂行。在陈,绝粮,从者病,莫能兴。子路愠,见曰:"君子亦有穷乎?"子曰:"君子固穷,小人穷,斯滥矣!"

子曰:"赐也,女以予为多学而识之者与?"对曰:"然,非与?"曰:"非也!予一以贯之。"

子曰:"由,知德者鲜矣!"

子曰:"无为而治者其舜也与?夫何为哉?恭己正南面而已矣。"

子张问行。子曰:"言忠信,行笃敬,虽蛮貊之邦,行矣。言不忠信,行不笃敬,虽州里,行乎哉?立则见其参于前也,在舆则见其倚于衡也,夫然后行。"子张书诸绅。

子曰:"直哉史鱼!邦有道如矢,邦无道如矢。君子哉蘧伯玉!邦有道,则仕;邦无道,则可卷而怀之。"

子曰:"可与言而不与之言,失人;不可与言而与之言,失言。知者不失人,亦不失言。"

子曰:"志士仁人,无求生以害仁,有杀身以成仁。"

子贡问为仁。子曰:"工欲善其事,必先利其器。居是邦也,事其大夫之贤者,友其士之仁者。"

颜渊问为邦。子曰:"行夏之时,乘殷之辂,服周之冕,乐则韶舞。放郑声，远佞人。郑声淫，佞人殆。"

　　子曰："人无远虑，必有近忧。"

　　子曰："已矣乎！吾未见好德如好色者也。"

　　子曰："臧文仲其窃位者与？知柳下惠之贤而不与立也。"

　　子曰："躬自厚而薄责于人，则远怨矣。"

　　子曰："不曰'如之何，如之何'者，吾末'如之何'也已矣！"

　　子曰："群居终日，言不及义，好行小慧，难矣哉！"

　　子曰："君子义以为质，礼以行之，孙以出之，信以成之。君子哉！"

　　子曰："君子病无能焉，不病人之不己知也。"

　　子曰："君子疾没世而名不称焉。"

　　子曰："君子求诸己，小人求诸人。"

　　子曰："君子矜而不争，群而不党。"

　　子曰："君子不以言举人，不以人废言。"

　　子贡问曰："有一言而可以终身行之者乎？"子曰："其恕乎！己所不欲，勿施于人。"

　　子曰："吾之于人也，谁毁谁誉？如有所誉者，其有所试矣。斯民也，三代之所以直道而行也。"

　　子曰："吾犹及史之阙文也。有马者，借人乘之，今亡矣夫！"

　　子曰："巧言乱德。小不忍，则乱大谋。"

　　子曰："众恶之，必察焉；众好之，必察焉。"

子曰："人能弘道，非道弘人。"

子曰："过而不改，是谓过矣。"

子曰："吾尝终日不食，终夜不寝，以思，无益，不如学也。"

子曰："君子谋道不谋食。耕也，馁在其中矣；学也，禄在其中矣。君子忧道不忧贫。"

子曰："知及之，仁不能守之；虽得之，必失之。知及之，仁能守之。不庄以莅之，则民不敬。知及之，仁能守之，庄以莅之，动之不以礼，未善也。"

子曰："君子不可小知而可大受也，小人不可大受而可小知也。"

子曰："民之于仁也，甚于水火。水火，吾见蹈而死者矣，未见蹈仁而死者也。"

子曰："当仁，不让于师。"

子曰："君子贞而不谅。"

子曰："事君，敬其事而后其食。"

子曰："有教无类。"

子曰："道不同，不相为谋。"

子曰："辞达而已矣。"

师冕见。及阶，子曰："阶也。"及席，子曰："席也。"皆坐，子告之曰："某在斯，某在斯。"师冕出，子张问曰："与师言之，道与？"子曰："然，固相师之道也。"

季氏第十六

季氏将伐颛臾。冉有、季路见于孔子曰:"季氏将有事于颛臾。"孔子曰:"求!无乃尔是过与?夫颛臾,昔者先王以为东蒙主,且在邦域之中矣,是社稷之臣也。何以伐为?"冉有曰:"夫子欲之,吾二臣者皆不欲也。"孔子曰:"求!周任有言曰:'陈力就列,不能者止。'危而不持,颠而不扶,则将焉用彼相矣?且尔言过矣,虎兕出于柙,龟玉毁于椟中,是谁之过与?"冉有曰:"今夫颛臾,固而近于费。今不取,后世必为子孙忧。"孔子曰:"求!君子疾夫舍曰欲之而必为之辞。丘也,闻有国有家者,不患寡而患不均,不患贫而患不安。盖均无贫,和无寡,安无倾。夫如是,故远人不服,则修文德以来之。既来之,则安之。今由与求也,相夫子,远人不服,而不能来也;邦分崩离析,而不能守也;而谋动干戈于邦内。吾恐季孙之忧,不在颛臾,而在萧墙之内也。"

孔子曰:"天下有道,则礼乐征伐自天子出;天下无道,则礼乐征伐自诸侯出。自诸侯出,盖十世希不失矣;自大夫出,五世希不失矣;陪臣执国命,三世希不失矣。天下有道,则政不在大夫。天下有道,则庶人不议。"

孔子曰:"禄之去公室五世矣,政逮于大夫四世矣,故夫三桓之子孙微矣。"

孔子曰:"益者三友,损者三友。友直,友谅,友多闻,益矣。友便辟，友善柔，友便佞，损矣。"

孔子曰："益者三乐，损者三乐。乐节礼乐，乐道人之善，乐多贤友，益矣。乐骄乐，乐佚游，乐宴乐，损矣。"

孔子曰："侍于君子有三愆：言未及之而言谓之躁，言及之而不言谓之隐，未见颜色而言谓之瞽。"

孔子曰："君子有三戒：少之时，血气未定，戒之在色；及其壮也，血气方刚，戒之在斗；及其老也，血气既衰，戒之在得。"

孔子曰："君子有三畏：畏天命，畏大人，畏圣人之言。小人不知天命而不畏也，狎大人，侮圣人之言。"

孔子曰："生而知之者，上也；学而知之者，次也；困而学之，又其次也；困而不学，民，斯为下矣！"

孔子曰："君子有九思：视思明，听思聪，色思温，貌思恭，言思忠，事思敬，疑思问，忿思难，见得思义。"

孔子曰："见善如不及，见不善如探汤。吾见其人矣，吾闻其语矣。隐居以求其志，行义以达其道。吾闻其语矣，未见其人也。"

"齐景公有马千驷，死之日，民无德而称焉。伯夷、叔齐饿于首阳之下，民到于今称之。其斯之谓与？"

陈亢问于伯鱼曰："子亦有异闻乎？"对曰："未也，尝独立，鲤趋而过庭。曰：'学诗乎？'对曰：'未也。''不学诗，无以言。'鲤退而学诗。他日，又独立；鲤趋而过庭。曰：'学礼乎？'对曰：'未也。''不学礼，无以立。'鲤退而学礼。闻斯二者。"陈亢退而喜曰："问一得三，闻诗，闻礼，又闻君子之远其子也。"

邦君子之妻，君称之曰夫人，夫人自称曰小童；邦人称之曰君夫人，称诸异邦曰寡小君；异邦人称之亦曰君夫人。

阳货第十七

阳货欲见孔子，孔子不见。归孔子豚。孔子时其亡也而往拜之，遇诸涂。谓孔子曰："来！予与尔言。"曰："怀其宝而迷其邦，可谓仁乎？"曰："不可"。"好从事而亟失时，可谓知乎？"曰："不可"。"日月逝矣，岁不我与！"孔子曰："诺，吾将仕矣！"

子曰："性，相近也；习，相远也。"

子曰："唯上知与下愚，不移。"

子之武城，闻弦歌之声，夫子莞尔而笑曰："割鸡焉用牛刀。"子游对曰："昔者偃也闻诸夫子曰：君子学道则爱人，小人学道则易使也。"子曰："二三子，偃之言是也。前言戏之耳。"

公山弗扰以费畔，召，子欲往。子路不说，曰："末之也已，何必公山氏之之也？"子曰："夫召我者，而岂徒哉？如有用我者，吾其为东周乎？"

子张问仁于孔子。孔子曰："能行五者于天下，为仁矣！""请问之。"曰："恭、宽、信、敏、惠。恭则不侮，宽则得众，仁则人任焉，敏则有功，惠则足以使人。"

佛肸召，子欲往。子路曰："昔者由也闻诸夫子曰：'亲于其身为不善者，君子不入也'。佛肸以中牟畔，子之往也，如之何？"子曰："然，有是言也。不曰坚乎，磨而不磷；不曰白乎，涅而不缁。吾岂匏瓜也哉？焉能系而不食！"

子曰："由也，女闻六言六蔽矣乎？"对曰："未也。""居，吾语女。好仁不好学，其蔽也愚；好知不好学，其蔽也荡；好信不好学，其蔽也贼；好直不好学，其蔽也绞；好勇不好学，其蔽也乱；好刚不好学，其蔽也狂。"

子曰："小子，何莫学夫《诗》？《诗》，可以兴，可以观，可以群，可以怨。迩之事父，远之事君，多识于鸟兽草木之名。"

子谓伯鱼曰："女为《周南》、《召南》矣乎？人而不为《周南》、《召南》，其犹正墙面而立也与！"

子曰："礼云礼云，玉帛云乎哉！乐云乐云，钟鼓云乎哉！"

子曰："色厉而内荏，譬诸小人，其犹穿窬之盗也与？"

子曰："乡愿，德之贼也。"

子曰："道听而涂说，德之弃也！"

子曰："鄙夫可与事君也与哉？其未得之也，患得之。既得之，患失之。苟患失之，无所不至矣。"

子曰："古者民有三疾，今也或是之亡也。古之狂也肆，今之狂也荡；古之矜也廉，今之矜也忿戾；古之愚也直，今之愚也诈而已矣。"

子曰："巧言令色，鲜矣仁。"

子曰："恶紫之夺朱也。恶郑声之乱雅乐也，恶利口之覆邦家者。"

子曰："予欲无言。"子贡曰："子如不言，则小子何述焉？"子曰："天何言哉！四时行焉，百物生焉。天何言哉？"

孺悲欲见孔子，孔子辞以疾。将命者出户，取瑟而歌，使之闻之。

宰我问："三年之丧，期已久矣。君子三年为礼，礼必坏；三年不为乐，乐必崩。旧谷既没，新谷既升，钻燧改火，期可已矣。"子曰："食夫稻，衣夫锦，于女安乎？"曰："安。""女安，则为之！夫君子之居丧，食旨不甘，闻乐不乐，居处不安，故不为也。今女安，则为之！"宰我出。子曰："予之不仁也！子生三年，然后免于父母之怀。夫三年之丧，天下之通丧也，予也有三年之爱于其父母乎！"

子曰："饱食终日，无所用心，难矣哉！不有博弈者乎？为之，犹贤乎已。"

子路曰："君子尚勇乎？"子曰："君子义以为上，君子有勇而无义为乱，小人有勇而无义为盗。"

子贡曰："君子亦有恶乎？"子曰："有恶：恶称人之恶者，恶居下流而讪上者，恶勇而无礼者，恶果敢而窒者。"曰："赐也亦有恶乎？""恶徼以为知者，恶不孙以为勇者，恶讦以为直者。"

子曰："唯女子与小人为难养也，近之则不孙，远之则怨。"

子曰："年四十而见恶焉，其终也已。"

微子第十八

微子去之，箕子为之奴，比干谏而死。孔子曰："殷有三仁焉。"

柳下惠为士师，三黜。人曰："子未可以去乎？"曰："直道而事人，焉往而不三黜？枉道而事人，何必去父母之邦？"

齐景公待孔子曰："若季氏，则吾不能；以季、孟之间待之。"曰："吾老矣，不能用也。"孔子行。

齐人归女乐，季桓子受之，三日不朝。孔子行。

楚狂接舆歌而过孔子，曰："凤兮凤兮，何德之衰！往昔不可谏，来者犹可追。已而已而，今之从政者殆而！"孔子下，欲与之言。趋而辟之，不得与之言。

长沮桀溺耦而耕。孔子过之，使子路问津焉。长沮曰："夫执舆者为谁？"子路曰："为孔丘。"曰："是鲁孔丘与？"曰："是也。"曰："是知津矣。"问于桀溺，桀溺曰："子为谁？"曰："为仲由。"曰："是鲁孔丘之徒与？"对曰："然。"曰："滔滔者天下皆是也，而谁以易之！且而与其从辟人之士也，岂若从辟世之士哉！"耰而不辍。子路行，以告。夫子怃然，曰："鸟兽不可与同群，吾非斯人之徒与而谁与！天下有道，丘不与易也。"

子路从而后，遇丈人，以杖荷蓧。子路问曰："子见夫子乎？"丈人曰："四体不勤，五谷不分，孰为夫子！"植其杖而芸。子路拱而立。止子路宿；杀鸡为黍而食之。见其二子焉。明日，子路行以告。子曰："隐者也！"使子路反见之。至，则行矣。子路曰："不仕无义。长幼之节，不可废也；君臣之义，如之何其废之？欲洁其身，而乱大伦。君子之仕也，行其义也。道之不行，已知之矣。"

逸民：伯夷、叔齐、虞仲、夷逸、朱张、柳下惠、少连。子曰："不降其志，不辱其身，伯夷、叔齐与！"谓："柳下惠、少连，降志辱身矣，言中伦，行中虑，其斯而已矣。"谓："虞仲、夷逸，隐居放言，身中清，废中权。我则异于是，无可无不可。"

大师挚适齐，亚饭干适楚，三饭缭适蔡，四饭缺适秦，鼓方叔入于河，播鼗武入于汉，少师阳、击磬襄入于海。

周公谓鲁公曰："君子不施其亲，不使大臣怨乎不以。故旧无大故，则不弃也。无求备于一人！"

周有八士：伯达、伯适、仲突、仲忽、叔夜、叔夏、季随、季騧。

子张第十九

子张曰："士见危致命，见得思义，祭思敬，丧思哀，其可已矣。"

子张曰："执德不弘，信道不笃，焉能为有？焉能为亡？"

子夏之门人，问交于子张。子张曰："子夏云何？"对曰："子夏曰：'可者与之，其不可者拒之。'"子张曰："异乎吾所闻。君子尊贤而容众，嘉善而矜不能。我之大贤与，于人何所不容！我之不贤与，人将拒我，如之何其拒人也？"

子夏曰："虽小道，必有可观者焉；致远恐泥，是以君子不为也。"

子夏曰："日知其所亡，月无忘其所能，可谓好学也已矣。"

子夏曰："博学而笃志，切问而近思，仁在其中矣。"

子夏曰："百工居肆以成其事，君子学以致其道。"

子夏曰："小人之过也，必文。"

子夏曰："君子有三变：望之俨然，即之也温，听其言也厉。"

子夏曰："君子信而后劳其民；未信，则以为厉己也。信而后谏；未信，则以为谤己也。"

子夏曰："大德不逾闲，小德出入可也。"

子游曰："子夏之门人小子，当洒扫应对进退，则可矣，抑末也。本之则无，如之何？"子夏闻之，曰："噫！言游过矣！君子之道，孰先传焉？孰后倦焉？譬诸草木，区以别矣。君子之道，焉可诬也？有始有卒者，其唯圣人乎！"

子夏曰："仕而优则学，学而优则仕。"

子游曰："丧致乎哀而止。"

子游曰："吾友张也为难能也，然而未仁。"

曾子曰："堂堂乎张也，难与并为仁矣。"

曾子曰："吾闻诸夫子：'人未有自致者也，必也亲丧乎！'"

曾子曰："吾闻诸夫子：'孟庄子之孝也，其他可能也；其不改父之臣与父之政，是难能也。'"

孟氏使阳肤为士师，问于曾子。曾子曰："上失其道，民散久矣。如得其情，则哀矜而勿喜。"

子贡曰："纣之不善，不如是之甚也。是以君子恶居下流，天下之恶皆归焉。"

子贡曰："君子之过也，如日月之食焉：过也，人皆见之；更也，人皆仰之。"

卫公孙朝问于子贡曰："仲尼焉学？"子贡曰："文武之道，未坠于地，在人！贤者识其大者，不贤者识其小者，莫不有文武之道焉。夫子焉不学！而亦何常师之有！"

叔孙武叔语大夫于朝曰："子贡贤于仲尼。"子服景伯以告子贡。子贡曰："譬之宫墙，赐之墙也及肩，窥见室家之好；夫子之墙数仞，不得其门而入，不见宗庙之美，百官之富。得其门者或寡矣。夫子之云，不亦宜乎？"

叔孙武叔毁仲尼。子贡曰："无以为也！仲尼，不可毁也。他人之贤者，丘陵也，犹可逾也；仲尼，日月也，无得而逾焉。人虽欲自绝，其何伤于日月乎！多见其不知量也。"

陈子禽谓子贡曰："子为恭也，仲尼岂贤于子乎！"子贡曰："君子一言以为知，一言以为不知：言，不可不慎也。夫子之不可及也，犹天之不可阶而升也。夫子之得邦家者，所谓立之斯立，道之斯行，绥之斯来，动之斯和。其生也荣，其死也哀，如之何其可及也！"

尧曰第二十

尧曰："咨！尔舜！天之历数在尔躬，允执其中。四海困穷，天禄永终。"舜亦以命禹。曰："予小子履敢用玄牡，敢昭告于皇皇后帝：有罪不敢赦。帝臣不蔽，简在帝心。朕躬有罪，无以万方；万方有罪，罪在朕躬。"周有大赉，善人是富。"虽有周亲，不如仁人；百姓有过，在予一人。"谨权量，审法度，修废官，四方之政行焉。兴灭国，继绝世，举逸民，天下之民归心焉。所重：民、食、丧、祭。宽则得众，信则民任焉，敏则有功，公则说。

子张问于孔子曰："何如斯可以从政矣？"

子曰："尊五美，屏四恶，斯可以从政矣。"子张曰："何谓五美？"子曰："君子惠而不费，劳而不怨，欲而不贪，泰而不骄，威而不猛。"子张曰："何谓惠而不费？"子曰："因民之所利而利之，斯不亦惠而不费乎？择可劳而劳之，又谁怨？欲仁而得仁，又焉贪？君子无众寡，无小大，无敢慢，斯不亦泰而不骄乎？君子正其衣冠，尊其瞻视，俨然人望而畏之，斯不亦威而不猛乎？"子张曰："何谓四恶？"子曰："不教而杀谓之虐；不戒视成谓之暴；慢令致期谓之贼；犹之与人也，出纳之吝谓之有司。"

孔子曰："不知命，无以为君子也；不知礼，无以立也；不知言，无以知人也。"